Enten

Titelseite: Die ausdrucksvoll gemusterte Brandente, *Tadorna tadorna,* findet man nahe der Mündungen und Salzseen von Eurasien, wo sie sich von anderen Enten dadurch unterscheidet, daß sie in Löchern im Boden, besonders in Kaninchenbauten, nistet.
Vorhergehende Doppelseite: Spießente, *Anas acuta.*
Rechts: Teiche der nördlichen Great Plains und Präriegebiete Kanadas sind der Hauptnistplatz für Millionen von Enten verschiedenster Arten.
Oben: Zimtente, *Anas cyanoptera.*

Schellente, *Bucephala clangula*.

Stockente, *Anas platyrhynchos.*

(Nordamerikanische) Riesen-Tafelente, *Aythya valisineria.*

Enten

Scott Weidensaul

KARL MÜLLER VERLAG

Titel der Originalausgabe: Ducks
Übertragung aus dem Englischen: Ruth Stark
Redaktion: Dieter Krumbach

EINFÜHRUNG

Eine der frühesten Darstellungen von Enten in der Kunst stammt von der Wand eines ägyptischen Grabmals. Es zeigt einen Mann, der mit seinem Wurfstock auf aufgescheuchte Sumpfvögel zielt, während seine dressierte Jagdkatze nach einer fliegenden Ente greift. Schon im 15. Jahrhundert vor Christus wurde das Schicksal der Menschen und Wasservögel miteinander in Verbindung gebracht.

Dies wurde in jüngster Zeit wieder schmerzlich bewußt. Enten brauchen sauberes Wasser, offenes Land und eine ökologisch intakte Umgebung – die gleichen Grundbedürfnisse, die der Mensch auch hat. Bedauerlicherweise werden viele dieser Ressourcen vergeudet, und Enten sowie die übrige Tierwelt sind dabei die Verlierer.

Aber neben ihrer Bedeutung als Umweltindikatoren haben Enten seit jeher auf die Menschen eine Anziehungskraft aufgrund ihrer Anmut, Schönheit und Freiheit ausgeübt. Die knapp 150 Entenarten auf der ganzen Welt wirken im Verhalten und Aussehen komisch bis bizarr: Ein Schwarzkopfruderentenerpel, der während der Balz aus Leidenschaft aufgeplustert ist und seinen leuchtendblauen Schnabel gegen seine rostbraune Brust drückt, ist zweifelsohne niedlich; Spießenten, die in einer bogenförmigen Formation mit dem Nordwind um die Wette fliegen, können einem schier den Atem rauben.

Auf den folgenden Seiten werden die Feinheiten der natürlichen Lebensweise der Enten aufgezeigt. Der Text ist mit eindrucksvollen Bildern von Entenarten rund um den ganzen Globus illustriert.

Da es die „typische“ Ente nicht gibt, kann man auch keine allgemeingültige Lebensweise für diese Vögel beschreiben – manche sind standorttreu, andere überqueren die Kontinente als Zugvögel in Schwärmen. Es gibt unter ihnen besorgte Eltern, während einige ihre Eier in fremde Obhut geben. Manche sind Vegetarier, manche Carnivoren (Fleischfresser), und viele sind eine Mischung aus beidem. Aber eines haben sie alle gemeinsam: ihre faszinierende Ausstrahlung, worin uns die alten Ägypter sicherlich zustimmen würden.

Was eine Ente zur Ente macht

Eine Ente ist wahrscheinlich der am leichtesten zu erkennende Vogel der Welt. Jeder weiß, was alles zu ihr gehört: kurze Beine, Füße mit Schwimmhäuten, ein breiter, flacher Schnabel und der seltsam anmutende watschelnde Gang.

Bei einigen Enten, wie bei der überall vorkommenden Stockente, stimmt dieser Grundbauplan beinahe mit der Realität überein – aber nicht bei allen Enten, und gerade diese Verschiedenheit fasziniert die Entenliebhaber. Säger zum Beispiel haben lange, mit spitzen Zähnchen besetzte Schnäbel. Pfeif„gänse" haben anmutig lange Beine, so daß sie eher Gänsen gleichen als Enten. Enten aus der Unterfamilie der Steifschwanzenten, zu denen auch die kecke nordamerikanische Schwarzkopfruderente gehört, ähneln mehr einer Spielzeugente zum Aufziehen als einem echten Vogel.

Aufzuzählen, was nicht zu einer Ente gehört, kann sogar noch heikler werden. Warum werden Gänse und Schwäne nicht zu den Enten gerechnet, obwohl alle drei der Familie Anatidae angehören? Es ist sicherlich nicht eine Frage der Größe; einige arktische Unterarten der Kanadagans sind kaum größer als Stockenten, und die weiße Zwergschneegans mag sogar kleiner sein. Die Proportionen sind ausschlaggebend – Gänse und Schwäne haben für gewöhnlich längere Beine und Hälse – aber die Pfeifgänse der Subtropen fallen völlig aus der Reihe.

In Wirklichkeit ist es so, daß es keine verbindlichen Merkmale gibt, die eine Ente zur Ente machen, sondern nur eine Auflistung von Gemeinsamkeiten und eine Reihe von Ausnahmen. Die meisten Enten sind klein (kürzer als 60 cm und leichter als 1400 g), haben kurze Hälse, Schwimmfüße, einen flachen Schnabel und eine Vorliebe für Wasser. Anders als bei Gänsen und Schwänen ist bei den meisten Entenarten (aber nicht bei allen) das Männchen prachtvoller gefärbt als das Weibchen.

Enten werden für gewöhnlich in zwei große Gruppen eingeteilt: die Schwimm- oder Gründelenten, zu denen Arten wie Stockente, Spießente und Dunkelente zählen, und Tauchenten wie Riesentafelente, Bergente und Rotkopfente. Die meisten Vogelexperten zählen einige Tauchenten zu einer dritten Gruppe, die Meeresenten – plumpe, schwerfällige Vögel wie Trauer- und Samtente, Eiderente und Kragenente, die zumindest einen Teil des Jahres im Salzwasser verbringen. Säger und Pfeifgänse unterscheiden sich dermaßen von anderen Wasservögeln, daß sie für gewöhnlich zu einer eigenen Untergruppe gezählt werden, wie Ruderenten, von denen in Nordamerika nur die Schwarzkopfruderente und die Maskenruderente vorkommen.

Schwimmenten sind schlank, ihre Beine setzen nahezu in der Mitte des Rumpfes an, so daß sie sich gut an Land fortbewegen können.

Sie sind im Süßwasser zu Hause, meistens auf ruhigen Altwassern, waldumgebenen Tümpeln und grasbewachsenen Feuchtgebieten. Gegründelt wird im seichten Wasser; nach dem Motto „Köpfchen in das Wasser, Schwänzchen in die Höh'" strampeln sie mit den Füßen und suchen dabei nach Insekten, Samen oder Wurzeln im schlammigen Boden. Sie können zwar tauchen, besonders wenn ihnen Verfolger nachstellen, doch sie ziehen es vor, ihr Glück im Davonfliegen zu suchen. Sie sind wendiger und erheben sich direkt in die Luft, wenn sie aufgeschreckt werden: die perfekte Flucht auf engem Raum, in dem sie häufig anzutreffen sind.

Im Gegensatz dazu sind die Tauchenten an Land eher schwerfällig: Ihre weit am Hinterkörper ansetzenden Beine lassen das Gehen schwierig und tölpelhaft erscheinen. So sehr dies an Land nachteilig erscheinen mag, im Wasser bringt es ihnen Vorteile, wo sie mit ihren Beinen enorme Kraft ausüben können. Wie ihr Name schon verrät, suchen Tauchenten häufig in großen Tiefen nach Futter; Eisenten wurden in Fischernetzen schon in 27 Meter Tiefe gefangen, einige europäische Tauchenten haben sich sogar in Wassertiefen von 60 Metern verfangen.

Tauchenten bevorzugen größere Gewässer – große Seen, breite Flüsse oder das Meer – in offener Umgebung, wo im Winter ein eisiger Wind bläst und wo genügend freie Wasserfläche zum Starten vorhanden ist. Tauchenten können nicht einfach so in die Luft springen wie die Schwimmenten; sie müssen erst „Dampf" machen, wenn sie wild flatternd über die Wasseroberfläche rennen und dabei eine Reihe spritzender Fußabdrücke hinterlassen. Aber wenn sie erst einmal oben sind, dann gehören sie zu den schnellsten unter den Enten. Bei der Riesentafelente und der Eisente wurden im Geradeausflug über 110 km/h, beim Mittelsäger 125 km/h gemessen. Wenn auch diese Geschwindigkeiten nicht mit den 300 km/h, die ein Wanderfalke erreicht, verglichen werden können, so bringt dies doch zum Ausdruck, wie schnell diese Tiere sind.

Es gibt noch andere kleine, aber sehr bezeichnende Unterschiede zwischen Tauch- und Schwimmenten. Die Schnäbel der Tauchenten sind in der Regel kürzer und kräftiger als die der Schwimmenten und so besser dazu geeignet, Muscheln vom steinigen Untergrund loszubrechen. Außer den drei Zehen, die bei allen Enten durch Schwimmhäute verbunden sind, tragen Tauchenten an der Hinterzehe einen Lappen, der beim Schwimmen zusätzlich Vorschub leistet.

Noch ein Wort über die Füße der Enten. Viele Jäger, die an einem frostigen Wintertag auf der Jagd nach Wasservögeln zitternd in ihren gefütterten Gummistiefeln im Morast stehen, wundern sich immer wieder, wie eine Ente barfuß solche harten Bedingungen zu ertragen vermag und wie sie sogar die ganze Nacht auf einer Eisscholle verbringen kann. Der Grund dafür ist die Konstruktion ihrer Füße und Beine. Im Gegensatz zu menschlichen Extremitäten, bei denen die Knochen von dicken Muskelpaketen umgeben sind, bestehen die Beine der Vögel buchstäblich nur aus Haut und Knochen (und Sehnen). Da kein Muskel mit Sauerstoff versorgt werden muß, ist die Blutzirkulation minimal, und die Beine und Füße der Enten sind extrem kälteunempfindlich.

Das Kennzeichen aller Vögel sind ihre Federn, und Enten bilden hier sicherlich keine Ausnahme. Wasservögel haben ein außergewöhnlich dickes und dichtes Gefieder, was zum einen eine ausgezeichnete Isolation, zum anderen eine optimale Wasserundurchlässigkeit gewährleistet. Aber nicht alle Federn sind gleich – sie unterscheiden sich je nachdem, welchen Zweck sie am Entenkörper erfüllen. Der größte Teil des sichtbaren Gefieders besteht aus Konturfedern oder den Federn der Schwingen. Aus einer zylindrischen Muskeltasche in der Haut (Federscheide) wächst ein Federschaft, der auf beiden Seiten von parallelen Federstrahlen umgeben ist, die später die abgeflachte Form der Federfahne bilden. Bei genauerer Betrachtung erkennt man, daß die Federfahne aus lauter einzelnen Filamenten, den Radii, aufgebaut ist. Diese können reißverschlußartig auseinandergezogen und wieder zu einer glatten Fläche vereinigt werden – ein Vorgang, den man häufig während der Gefiederpflege bei Vögeln beobachten kann. Bei extremer Vergrößerung erkennt man, daß die Radii ihrerseits mikroskopisch kleine Häkchen tragen, die jeweils zwei benachbarte Radii miteinander verbinden. Das Ergebnis ist ein leichtes, flexibles, aber sehr kräftiges Gebilde, das hervorragend zum Fliegen geeignet ist.

Die Schwungfedern der Flügel und die Schwanzfedern sind die längsten und am besten entwickelten Konturfedern der Ente. Am kräftigsten sind die Primärfedern der Handschwinge, also zwischen Flügelspitze und Ellenbogengelenk. Die Sekundärfedern zwischen Ellenbogen und dem Körper (Armschwingen) sind etwas biegsamer, da sie beim Fliegen nicht diesen extremen Belastungen wie die Handschwingen standhalten müssen. An die Sekundärfedern schließen sich zum Körper hin die Tertiärfedern an, ebenfalls biegsame Konturfedern.

Die Färbung der Enten ist einzigartig unter den Vögeln, da die Sekundärfedern der meisten Entenarten, besonders aber die der Schwimmenten, in den brillantesten Farben schillern. Dieser besonders farbenprächtige Bereich wird als Spiegel bezeichnet; er schillert bei der Stockente stahlblau, bei der Dunkelente purpurrot und beim Erpel der Spießente bronzefarben. Die Färbung des Spiegels kommt nicht, wie bei den braun oder schwarz gefärbten Körperfedern, durch eingelagerte Pigmente, sondern durch die Struktur der Feder selbst zustande. Spezielle Zellen in den Radii brechen und reflektieren das Sonnenlicht, verstärken Wellenlängen, löschen andere aus und rufen so die kräftigsten Farben im gesamten Tierreich hervor.

Nicht alle Enten besitzen diesen Spiegel, so zum Beispiel nicht die Tauchenten; aber das Flügelmuster einer jeden Art ist einzigartig. Jedes Jahr müssen in den Vereinigten Staaten ausgewählte Entenjäger die Flügel der von ihnen geschossenen Enten an die Jagd- und Fischereibehörde schicken, wo diese bestimmt und gezählt werden, um so den alljährlichen Jagdsport in geregelte Bahnen zu lenken.

Die Kontur- oder Umrißfedern sind ausschlaggebend für die Stromlinienform des Entenkörpers, so daß die Luft weich über den Körper gleitet und ein Minimum an Reibung verursacht. Sie bilden außerdem eine wasserdichte Deckschicht für die Daunenfedern – vom kommerziellen Standpunkt aus gesehen die wichtigste Klasse der Entenfedern. Anders als bei den Konturfedern, bei denen die Radii eine glatte Fläche bilden, stehen die Federstrahlen einzeln, ohne eine durch Häkchen verbundene Fläche zu bilden. Jede Daunenfeder bildet ihren eigenen kleinen Bereich und schließt die Luft zwischen ihren hauchdünnen Federstrahlen ein. Dieses Luftpolster in den Daunen ermöglicht der Ente sofort zu schwimmen und hält sie warm, zumal Luft die beste Isolation überhaupt bildet. Die Daunen nördlicher Entenarten sind besonders fein und buschig, so daß sich auf Island eine bedeutende Industrie entwickelt hat, wo Eiderdaunen aus den Nestern von Eider- und Prachteiderenten gesammelt werden. Die Weibchen zupfen sich große Mengen der bräunlichen Daunen aus ihrem Brustgefieder und bauen damit die wohl luxuriösesten Nester auf der ganzen Welt. Daunensammler nehmen von jedem Nest ein paar Federn weg, achten aber stets darauf, daß noch genügend übrigbleiben, um die Brut warmzuhalten.

Den Vögeln schadet dieses Sammeln nicht; im Gegenteil, für die Isländer ist es ein starker ökonomischer Anreiz, diese Enten zu schützen.

Zahlenmäßig gesehen machen die Konturfedern, obwohl sie größer sind, einen geringeren Anteil im Gefieder der Enten aus als Daunen- oder andere kleine Federn. Eine Ente von der Größe einer Stockente zum Beispiel trägt etwa 12000 Federn am Körper, von den größten Schwungfedern bis zu den kleinsten, borstenähnlichen Fadenfedern. Die Fadenfedern, die zerstreut zwischen den Konturfedern liegen, erfüllen weder Isolations- noch Flugfunktion. Da sie mit sensitiven Nerven in Verbindung stehen, nimmt man an, daß sie sowohl Informationen über die Lage größerer Federn als auch über Luftströmungen und Druck übermitteln. Diese Informationen werden instinktiv übersetzt, so daß die Ente winzige Änderungen an der Lage der Konturfedern vornehmen kann, um so ein Höchstmaß an Wirkung in der Luft zu erreichen.

Alle Enten haben eine große, gut entwickelte Bürzeldrüse am Steiß, direkt oberhalb des Schwanzes; entfernt man die Federn an dieser Stelle, schaut die Drüse aus wie ein Höcker, der von kurzen, dichten Federn umringt ist. Die Drüse sezerniert ein Öl, eine Mischung aus Fett, Wachs und natürlichen Säuren, das das Gefieder absolut wasserundurchlässig macht. Die Gefiederpflege ist ein wichtiger Teil im Tag einer Ente, und die Vögel investieren viel Zeit und Sorgfalt darauf. Die Enten gehen dabei systematisch vor: Sie pressen etwas Öl aus der Bürzeldrüse und verteilen es vorsichtig im Gefieder, indem sie die Federn sanft knabbernd durch den Schnabel ziehen.

Dieses Putzen erfüllt mehrere Zwecke auf einmal – es entfernt Schmutzpartikel aus den Federn, ordnet die Federstrahlen und verteilt einen neuen Ölfilm über das Gefieder. Eine sauber geputzte Ente strahlt im Sonnenlicht förmlich durch diese Kombination aus gesundem Gefieder und glitzerndem Öl. Dieses Pflegeöl hilft den Vögel möglicherweise sogar Vitamin D zu synthetisieren (Vögel, denen die Bürzeldrüse entfernt wurde, erkrankten häufig an Rachitis) und es ist entscheidend für die Erhaltung der Schnabel- und Beinschuppen, die, ebenso wie die Federn, aus Keratin bestehen.

Eine Stelle gibt es aber, die die Ente nicht mit ihrem Schnabel putzen kann, und das ist natürlich ihr eigener Kopf. In diesem Falle dienen die Krallen als Ersatz für den Putzschnabel; die Ente erreicht damit jeden Teil ihres Kopfes und verwendet dabei besonderes Augenmerk auf Hals, Ohren und die Federn hinter den Augen, die bei den Enten die Ohrhöhlen verdecken.

Enten gehen beim Putzen mit Genuß ans Werk, wobei sie sich immer wieder aufplustern, schütteln und mit den Flügeln flattern; es ist offensichtlich, daß das Putzen eine angenehme Aufgabe und gewöhnlich ein Zeichen des absoluten Wohlbefindens ist. Lose Federn werden beim geringsten Luftzug in der Luft herumgewirbelt oder über die Wasseroberfläche getrieben, und während der Mauser bilden sich oft ganze Haufen an windgeschützten Stellen entlang des Ufers.

Trotz der Hingabe, mit der sich Enten putzen, wird es dem Betrachter deutlich, daß ihr größtes Interesse dem Fressen gilt. Vögel haben einen hohen Stoffwechsel, und so ist es kein Wunder, daß sie Futter in Hülle und Fülle zu sich nehmen. Obwohl Enten nicht solch unersättliche Heizkraftwerke sind wie Kolibris oder Chickadees, verbrauchen sie doch einige Kalorien, um Federn wachsen zu lassen, eine Fettschicht anzulegen und eine ständig gleichbleibende Körpertemperatur aufrechtzuerhalten.

Die Nahrung ist bei Enten sehr unterschiedlich. Selbst unter den eng verwandten Schwimmenten der Gattung Anas sind Unterschiede keine Ausnahme. Stockenten ernähren sich hauptsächlich von Samen, Wasserpflanzen, Insekten, kleinen Krebsen, Eicheln und Getreidekörnern. Die seltene Florida-Stockente, die häufig als Unterart der Stockente betrachtet wird, hat sich mehr auf tierische Kost, besonders winzige Garnelen, Ruderkrebse und Weichtiere, spezialisiert. Schnatterenten gehen in tieferem Wasser auf Nahrungssuche als andere Schwimmenten, tauchen dabei sogar und weiden an Grund Wasserpflanzen ab. Von Pfeifenten weiß man, daß sie lieber Grünfutter, auch Gras, zu sich nehmen; sie erbeuten aber auch Nahrung von anderen Enten, so zum Beispiel von Schnatterenten, die ganze Pflanzenwedel mit nach oben bringen.

Die vielleicht merkwürdigste Anpassung an das Fressen innerhalb der Schwimmenten ist im Schnabel der Löffelente zu sehen, einer kleinen Ente mit überdimensionalem Schnabel, der länger als der Kopf und wesentlich breiter als die meisten Entenschnäbel ist. Während die Löffelente auf die gleiche Art und Weise frißt wie andere Enten, kann sie außerdem mit Hilfe von Lamellenreihen – kammähnlichen Strukturen, die auf der Innenseite des Schnabelrandes sitzen – winzige Organismen aus dem schlammigen Wasser herausfiltern. Auch andere Schwimmenten haben solche Lamellen, aber nur Löffelenten haben diese derart perfekt entwickelt; die Löffelente hat außerdem einen außergewöhnlich langen Verdauungstrakt, der ihr erlaubt, die Nahrung noch besser zu verwerten.

Innerhalb der Tauchenten spielt tierische Nahrung eine wesentlich größere Rolle, obwohl sich einige, wie Riesentafelente und Rotkopfente, sehr mühsam von Unterwasserpflanzen ernähren. (Aus diesem Grund sind bei Jägern Riesentafel- und Rotkopfente als Sonntagsbraten sehr begehrt, während andere Tauchenten wegen ihres fischigen Geschmacks oft verschmäht werden.) Bergenten, die entlang der Küste überwintern, fressen in erster Linie Venusmuscheln, Muscheln und andere Weichtiere, während Veilchenenten in größerem Maße auf Pflanzen zurückgreifen. Obwohl bei Tauchenten die Ernährungsgewohnheiten sehr unterschiedlich sind, ernähren sich die meisten Meeresenten ausschließlich von Fischen und Krebsen, was zur Folge hat, daß ihr Fleisch einen ziemlich strengen, ranzigen Geruch verbreitet.

Bei Schellente und Büffelkopfente unterscheidet sich die Ernährung mehr als bei allen anderen Enten von Sommer zu Winter. In ihren Brutgebieten an den nördlichen Seen fressen sie hauptsächlich Insekten, Süßwasserkrebse und Flußkrebse (die Büffelkopfente variiert ihren Speiseplan zusätzlich mit pflanzlicher Kost), aber wenn sie in ihre Wintergebiete entlang der Küste übersiedeln, stellen sie ihre Nahrung hauptsächlich auf Schalentiere um.

Säger sind die einzigen Enten, die sich ausschließlich vom Fischfang ernähren, und es ist kein Wunder, daß die Schnabelform ihre Vorliebe widerspiegelt. Anders als der breite, flache Schnabel, den man von einer Ente gewohnt ist, besitzen die drei Sägerarten Nordamerikas lange, dünne Schnäbel mit zahnförmigen Auszackungen, die bestens dazu geeignet sind, die glitschigen Fische festzuhalten. Insekten und Krebse runden vor allem bei Jungtieren das Nahrungsspektrum ab. In der Tat bilden Wasserinsekten eine so ausgezeichnete Proteinquelle, daß sie von den meisten jungen Enten gefressen werden, egal wie ihre spätere Nahrung aussieht. In den Seen, in denen sich die Auswirkungen des sauren Regens spürbar machen, gehören die Insekten zu den ersten Lebewesen, die verschwinden, was vielen Küken zum Verhängnis wird.

Enten nehmen die Umwelt in ähnlicher Weise wahr wie der Mensch; dennoch gibt es einige Unterschiede. Enten haben ein ausgezeichnetes Sehvermögen, und sie gebrauchen diesen Sinn mehr als alle anderen. Im Verhältnis zum Kopf sind die Augen wesentlich größer (vor allem im Vergleich zu Säugetieren), aber dennoch kleiner als die von Adlern oder Eulen. Die Augen vermitteln einen farbigen Eindruck, auch wenn Experimente gezeigt haben, daß diese Vögel kleinere Farbunterschiede nicht so gut unterscheiden können wie Menschen – was ein Grund für ihr farbenprächtiges Gefieder sein könnte. Die Augen der Enten reagieren mehr auf Bewegungen, besonders in einem horizontalen Bereich entsprechend ihrer Netzhaut; bei Vögeln, die in offenen Arealen leben, wie das bei Enten der Fall ist, ist dieser sensitive Bereich bei normaler Kopfhaltung parallel zum Horizont und bietet dem Vogel somit die größte Möglichkeit Gefahren zu erkennen.

Wie jeder weiß, der seine Augen schon einmal unter Wasser geöffnet hat, vermittelt ein Auge, das an der Luft gut funktioniert, unter Wasser nur einen verschwommenen Eindruck. Tauchenten, die über und unter Wasser eine klare Sicht benötigen, gleichen dies durch eine Art natürliche Kontaktlinse aus. Alle Vögel haben eine Nickhaut über ihren Augen, ein lichtdurchlässiges „drittes Augenlid“, die zurückgezogen werden kann, um das Organ zu reinigen oder zu schützen. Bei Tauchenten besitzt die Nickhaut ein klares, linsenähnliches Fenster, das die unterschiedliche Lichtbrechung im Wasser korrigiert.

Der Geruchssinn ist bei Vögeln von untergeordneter Bedeutung, obwohl Experimente gezeigt haben, daß einige Arten, so zum Beispiel die Pinguine, durch Riechen ihren Weg finden. Wie zu erwarten ist, ist auch der Geschmackssinn bei Vögeln eher kümmerlich ausgeprägt, und die meisten Schwimmenten finden ihre Nahrung mehr durch Berührung als durch Geschmack oder Geruch, wenn sie das Sediment durchwühlen. Sie verlassen sich dabei mehr auf ihre Nervenrezeptoren an der Schnabelspitze, die ihnen melden, wenn sie etwas Freßbares gefunden haben. Enten benutzen ihr Hörvermögen – obwohl entwickelt – nicht, um Feinde wahrzunehmen, da die meisten ihrer natürlichen Feinde, wie der Wanderfalke, ohnehin lautlos angreifen.

Weltweit sind zwischen 140 und 148 Wasservogelarten bekannt. (Die Zahl hängt davon ab, ob nah verwandte Formen als eigene Art oder nur als Unterart angesehen werden; selbst Experten sind sich darüber oft nicht einig.) Ursprünglich brüteten in Nordamerika 35 verschiedene Arten, aber die Ausrottung der Labradorente dezimierte diese Zahl um eine. Hinzu kamen dafür Einwanderer aus Europa, Asien, Mittelamerika und der Karibik, die die Liste um weitere neun oder zehn Arten bereicherten.

Die Labradorente wirft Rätsel auf. Auch als die Art noch vorkam, war sie für die Ornithologen ein Rätsel; wie andere hat John James Audubon vergeblich in Labrador nach ihren Nestern gesucht, und sein berühmtes Gemälde basiert auf einem Exemplar, das er nicht selbst geschossen hat. Die Ente war im Winter entlang der Nordostküste zu beobachten, manchmal sogar südlich bis in die Höhe von Virginia, aber hauptsächlich in den Gewässern um Long Island. Das Männchen dieses schönen Vogels (auch als Pied Duck bekannt) war schwarz, hatte weiße Flügel und eine weiße Brust, einen schwarzen Kragen, weißes Gesicht und schwarze Haube. Der Schnabel war orange und schwarz und mehr spatelförmig als bei den meisten anderen Tauchenten. Diese Tatsache und alte Aufzeichnungen, nach denen sie auf flachen Sandbänken ihre Nahrung gesucht hat, geben Anlaß zu der Vermutung, daß sie sowohl im Sand als auch im Wasser, wie für Meeresenten üblich, nach Schalentieren gesucht hat.

Das Fleisch der Labradorente schmeckte streng nach Fisch und war nicht sehr beliebt. Die einzig mögliche Erklärung für ihr Verschwinden sind Eier- und Federdiebe, die im 19. Jahrhundert Seevogelkolonien im Nordosten Kanadas geplündert und so zum Aussterben dieses wunderschönen Vogels beigetragen haben.

Interessanterweise gibt es zwischen den Enten Nordamerikas und Eurasiens nur sehr geringe Unterschiede. Durch die Bering-Landbrücke und durch ihre Fähigkeit zu Langstreckenflügen ist es kein Wunder, daß viele Entenarten fast auf der ganzen Nordhalbkugel vorkommen. Die Stockente, Schnatterente, Spießente, Krickente, Löffelente, Eider-, Prachteider- und Scheckente, Mittel- und Gänsesäger, Schellente und Bergente sind in Europa und Nordamerika gleichermaßen heimisch. Die Kragen- und Spatelente lebt auf Island und hat bis jetzt noch nicht den Sprung auf den Kontinent getan.

Die amerikanische und europäische Pfeifente sind verschiedene Arten, aber sehr nahe miteinander verwandt, genauso wie europäische Tafelente und nordamerikanische Rotkopfente oder Halsringente und Reiherente. Mehr Anlaß zur Verwirrung geben die Namen: die Eisente heißt in Amerika Oldsquaw, in England Long-tailed Duck; der Gänsesäger ist hier der Common Merganser, dort der Goosander; und was ein Vogelliebhaber auf Long Island als White-wing Scoter (Samtente) bezeichnet, ist in Europa ein Velvet Scoter. Diese Namensflut verdeutlicht die Wichtigkeit der binären Nomenklatur, gewöhnlich als „wissenschaftlicher Name“ bezeichnet. Der zweiteilige lateinische Name gibt jedem Lebewesen einen Namen, der verbindend und nicht wie die Trivialnamen von Kontinent zu Kontinent unterschiedlich ist. So heißt die Eisente für einen Biologen einfach *Clangula hyemalis*, wie auch immer die Einheimischen diesen Vogel bezeichnen mögen.

Trotz der engen Verwandtschaft zwischen den Enten Eurasiens und Nordamerikas gibt es doch einige Unterschiede. Enten haben sich irgendwann im Eozän entwickelt, ungefähr vor 50 Millionen Jahren (zu dieser Zeit tauchten jedenfalls ihre zerbrechlichen Knochen zum ersten Mal in fossilen Schichten auf). Seit diesem Zeitpunkt öffnete und schloß die Kontinentaldrift immer wieder Barrieren, die einige Populationen abschnitten und isolierten, die der Evolution zum Opfer fielen. Werden auch die Krickente Europas und der Vereinigten Staaten zu einer Art gezählt, *Anas crecca*, so gibt es, wenn auch kleine, aber bestimmte Unterschiede zwischen den beiden. Die europäische Unterart, *A.c. crecca*, hat an den Schultern weiß geränderte Federn, die der nordamerikanischen Unterart, *A.c. carolinensis*, fehlen, während der Erpel von *carolinensis* einen senkrechten, weißen Streifen auf den Brustseiten trägt, den sein europäischer Cousin nicht hat. Dies sind kleine Unterschiede, die im Verlauf der Evolution entstanden sind; halten sich diese beiden Unterarten weiterhin getrennt – und geben wir ihnen noch viel, viel Zeit –, so werden die beiden Formen der Krickente sicherlich weitaus größere Unterschiede in Form und Farbe entwickeln, bis sie eines Tages das sind, was wir als getrennte Arten bezeichnen.

Die Zeit der Geburt

Es ist Spätwinter im salzigen Sumpfland, und eisige Nordwestwinde fegen über die weiten Flächen des toten Schlickgrases. Träge schlängeln sich Priele, an deren Ufern noch Eis hängt, durch den braunen Sumpf und fließen ab in eine kleine Bucht, in der der Wind das graue Wasser zu Schaumkronen aufpeitscht.

Eine Schar Büffelkopfenten, die auf den Wellen herumschaukelt, ignoriert das Wetter, das noch mehr nach Schnee als nach Frühling riecht. Jetzt, wo jeder Tag etwas länger ist als der vorangegangene, lassen die veränderten Lichtbedingungen ihr Hormonsystem verrückt spielen. Obwohl das Thermometer noch immer Winter anzeigt, ist für die Enten die Zeit der Partnersuche gekommen.

Die kleinen Männchen, rund wie Butterflocken und nicht viel größer, bauschen ihre Kopffedern auf, was bei anderen Enten wie ein Kamm ausschauen würde, aber bei den Büffelkopfenten wie ein schwarz-weiß gemusterter Ball wirkt.

Manche Männchen stehen sich mit kopfnickenden, rituellen Bewegungen gegenüber, während sich andere zu kurzen Schauflügen in die Luft erheben und dabei ihre weiß gemusterten Flügel wie Signalflaggen über dem zinnfarbenen Wasser des Ozeans blitzen lassen. Hier und da brechen zwischen zwei rivalisierenden Erpeln Kämpfe aus, die rasch in einer wilden Balgerei mit Kratzen, Picken und Flügelschlagen enden.

Obwohl die Zeit des Sommerlagers noch Monate entfernt ist, verspüren die Büffelkopfenten den Trieb sich zu verpaaren, ein Trieb, der bei Enten früher auftritt als bei fast allen anderen Vogelarten, von Adlern und Eulen einmal abgesehen. Anders als bei Gänsen und Schwänen, die ihr ganzes Leben (oder wenigstens einen großen Teil davon) zusammenbleiben, sind die Bindungen, die Enten eingehen, zeitlich wesentlich beschränkter. In manchen Fällen endet diese Bindung sofort nach der Paarung, in anderen hält sie bis zum nächsten Jahr.

Letzteres ist bei den Büffelkopfenten der Fall. Sie gehen für Enten eine ungewöhnlich starke Bindung ein. Auch ihren Nistplätzen sind sie außergewöhnlich treu; Jahr für Jahr kehren sie zum selben kleinen See, ja sogar zum selben Baum zurück, denn Büffelkopfenten sind Höhlenbrüter, die alte Spechtlöcher oder natürliche Nischen zum Nestbau nutzen. Sobald das Eis auf den nördlichen Seen Kanadas, der Rockies und Alaskas schmilzt, treffen die ersten Büffelkopfenten ein und stecken ihre Territorien ab, die sie unerbittlich gegen andere Büffelkopfenten, ja sogar gegen andere Entenarten verteidigen. In solchen Gefechten gelingt es ihnen meist, Eindringlinge abzuwehren. Sie unterliegen aber auch manchmal einem fest entschlossenen Paar Schellenten, einer größeren Art, die auch hinter den wenigen Nisthöhlen her sind.

Baumhöhlen, egal ob durch Baumkrankheit oder einen Specht entstanden, sind nicht sehr häufig, was die Wohnungssuche für Büffelkopfenten ungleich problematischer macht als für bodennistende Arten, die dazu nur ein Häufchen Gras zusammentragen müssen. Dennoch sind die Weibchen der Büffelkopfenten bei der Auswahl der Nisthöhlen oft sehr wählerisch und zeigen dabei eine Vorliebe für enge Höhlen, die normalerweise kaum groß genug sind, damit sich die pummeligen Enten hineinquetschen können. Vielleicht entscheiden sie sich deshalb für die engstmögliche, da sie so vor Nesträubern sicherer sind. Aus dem gleichen Grund werden Bäume, die im Wasser stehen und infolge eines neuen Biberdammes abgestorben sind, bevorzugt.

Den einzigen Komfort, den das neue Heim bietet, ist ein Daunenpolster, das sich das Weibchen aus dem Brustgefieder gezupft hat, um die feuchte Baumhöhle zu isolieren. Wenn das Nest fertig ist, schlüpft das Weibchen ungefähr zwei Wochen lang jeden Morgen in der Dämmerung in die Höhle, legt ein glänzendes, cremefarbenes Ei hinein und verschwindet wieder. Erst wenn das Gelege komplett ist – es besteht ungefähr aus einem Dutzend Eiern – setzt sich das Weibchen dazu und beginnt zu brüten. Auf diese Weise werden die Embryonen in ihrer Entwicklung gehemmt, bis die Bebrütung beginnt, so daß alle Küken zur selben Zeit schlüpfen.

Das Brüten ist allein Aufgabe des Weibchens, während das Männchen das Revier verteidigt, dabei wie ein Wachhund aufpaßt und ein Mordsgezeter beginnt, wenn ein Feind, zum Beispiel ein Marder, dem Nest zu nahe kommt. Nur um kurz zu fressen, unterbricht das Weibchen das Brüten – die Brutdauer beträgt ungefähr einen Monat – um die Eier gleichmäßig warm zu halten. Am letzten Tag vor dem Schlüpfen werden die Küken aktiv und beginnen sich in der Schale zu bewegen; das Weibchen antwortet mit sanften Rufen und ermutigt die Küken vielleicht damit, mit dem anstrengenden Schlüpfen zu beginnen. Mit ihrem winzigen Eizahn (nur eine spitze, hornige Erhebung an der Schnabelspitze) brechen sich die Küken ihren Weg durch die harte Schale. Zwischen dem ersten kleinen Loch und bis sich das Küken, völlig erschöpft, ganz aus der Schale befreit hat, können vier bis fünf Stunden vergehen.

Wenn die Büffelkopfentenküken aus dem Ei kommen, sind sie nicht nackt und hilflos wie junge Drosseln oder Schwalben. Wie alle Entenküken sind sie weit entwickelt, tragen einen dichten Daunenflaum, haben die Augen geöffnet und können sich sofort nach der Geburt selbständig ernähren. Sie sind das, was Biologen als Nestflüchter bezeichnen, und auch wenn sie noch behütet und von Zeit zu Zeit bebrütet werden, sind sie doch wesentlich unabhängiger als die Nesthocker von Singvögeln oder Raubvögeln.

Viele bodennistende Enten verlassen ihr Nest, gleich nachdem die Küken geschlüpft sind, da sie an Land sehr gefährdet sind. Weil sie in ihren Baumnestern relativ sicher sind, bleiben die Küken der Büffelkopfenten noch ein bis zwei Tage im Inneren, um sich von den Strapazen des Schlüpfens zu erholen, und lernen erst einmal ihre Bewegungen zu koordinieren. Dann krabbeln sie einfach aus ihrer Baumhöhle hinaus in die große Welt und folgen ihrer Mutter, auch wenn die fliegen kann. Während sie gekonnt zu Boden gleitet, müssen die Küken in die dünne Luft hinausspringen und setzen mit einer Bruchlandung am Boden auf, die wilder aussieht, als sie tatsächlich ist. Die Nester der meisten Büffelkopfenten liegen ziemlich niedrig, meist nicht höher als 3 Meter, aber die Küken der Brautente plumpsen regelmäßig aus 15 bis 18 Metern zu Boden und benutzen dabei ihre Stummelflügel und ihre großen Füße als Fallschirm. Auch wenn sie unten aufprallen wie Gummibälle, schaut alles schlimmer aus, als es ist.

Da die Küken der Büffelkopfenten von Geburt an sehr selbständig sind, muß das Weibchen seine Brut nur noch an Plätze führen, an denen es reichlich Futter gibt. An stillen Junimorgen sieht man auf Biberstauseen und Stauwasserbuchten in den Fichtenwäldern Kanadas häufig Büffelkopfentenweibchen im Morgennebel, die gefolgt von einem Dutzend oder mehr flauschigen Entenküken ihre Spur über das ruhige Wasser ziehen. Obwohl es noch viele Wochen dauert, bis sie ihr Adultgefieder haben, sind die Küken wasserunempfindlich; ihr größtes Problem ist, daß sie viel zu gut schwimmen und nicht länger als ein oder zwei Sekunden tauchen können, ohne wie Korken an die Wasseroberfläche zurückgetrieben zu werden. Trotzdem gelingt es ihnen, Rückenschwimmer, Eintagsfliegenlarven und unzählige andere Insektenlarven und Krebschen, die im seichten Wasser schwimmen, zu erbeuten. Die Mutter muß ihnen das Futter nur einmal zeigen, der Rest ist Instinktsache.

Natürlich bergen die nördlichen Wälder außer Futter auch viele Gefahren, und nahezu jede Entenfamilie wird im Lauf der Wochen etwas dezimiert. Hechte erbeuten die Küken (und gelegentlich auch ausgewachsene Tiere); Barsche und andere große Fische, aber auch Schnappschildkröten vergreifen sich an umherstreunenden Küken. Der Tod droht auch vom Himmel – Silbermöwen, Hühnerhabichte, Zwergfalken oder große Ohreulen machen Jagd auf die Jungen – oder vom Land in Form von Nerz, Wiesel, Fuchs, Wildkatze oder anderen Raubtieren. Es ist eine harte Welt, in der sie aufwachsen, und viele schaffen es nicht. Diejenigen, die die ersten fünf Wochen der Flugunfähigkeit überleben, bekommen ihr erstes Jugendgefieder, das bei beiden Geschlechtern dem Adultgefieder des Weibchens ähnelt. Viel wichtiger ist aber, daß sie ihre Flugfedern bekommen, die ihre Überlebenschancen wesentlich steigern.

So wie die Büffelkopfente stellvertretend für die Enten mit begrenztem Verbreitungsgebiet und bestimmten Nistvoraussetzungen steht, ist die Stockente ein glänzendes Beispiel für einen reproduktiven Generalisten, der in nahezu jeder Umgebung nistet, vom ausgedehnten Sumpfland bis zu Stadtparks, vom Ufergestrüpp im trockenen Westen bis zu arktischen Tundraseen. Sie bauten ihr Nest genauso gerne zwischen Tulpen in einem Vorstadtgarten wie in der freien Wildnis. So ist es keine Überraschung, daß die Stockente die erfolgreichste Ente Nordamerikas, ja sogar der ganzen Welt ist, da sie auch in Europa, Asien, Mittelamerika und in Teilen Afrikas vorkommt und nach Australien und Neuseeland eingeschleppt wurde.

Anders als die Büffelkopfenten bilden Stockenten keine so starken partnerschaftlichen Beziehungen aus, die über ein Jahr halten. Stockenten leben höchstens zeitweise monogam, aber in den meisten Fällen verläßt das Männchen das Weibchen, nachdem es zu brüten begonnen hat, und schaut sich nach einer anderen unverpaarten Henne um. Wenn die Nistsaison fortgeschritten ist und die Zahl der ungepaarten Weibchen abnimmt, wird das Verhalten der Junggesellen zunehmend aggressiver.

Eine der unangenehmsten Beobachtungen, die ein Vogelkundler machen kann, ist, wenn sich drei oder vier Erpel gleichzeitig auf ein Weibchen stürzen und sich mit ihr paaren wollen; findet dies im Wasser statt, wird die unglückliche Henne durch das gemeinsame Gewicht unter Wasser gedrückt und kann sogar ertrinken.

Stockenten haben eine ganze Reihe von ritualisierten Werbungsgesten, die ihren Ursprung oft im Aggressionsverhalten haben, aber in Tausenden von Jahren zu verführerischen anstatt feindseligen Verhaltensgesten modifiziert wurden. Vogelverhaltensforscher haben die Bewegungen der Stockenten sehr genau studiert, und da diese Art einfach und ziemlich zutraulich ist, wissen wir jetzt mehr über die „Körpersprache“ der Stockenten als über die irgend einer anderen Ente oder eines anderen Vogels. Die Verhaltensweisen sind ziemlich einfach – nicht so dramatisch wie der Tanz der Gelben Pfeifgans, die Seite an Seite über das Wasser flattern, oder die Tretbewegungen der Schellente. Statt dessen schwimmt das Männchen mit knapp über dem Wasser nach vorne gestrecktem Hals oder taucht seinen Schnabel kurz ein und bespritzt sein auserwähltes Weibchen mit Wasser; solche Verhaltensweisen werden von verschiedenen Enten gezeigt, jede Art in fast perfekter Übereinstimmung.

Ornithologen haben für diese Verhaltensweisen bezeichnende Namen erfunden: das „Nickschwimmen“, das „Kopf hoch, Schwanz hoch“, das „Schwanzschütteln“, das „Räbräb-Palaver“. Die Männchen vollführen den Großteil der Balz, aber wie auch bei vielen anderen Entenarten haben die Weibchen ein eigenes Repertoire an Verhaltensmustern, die sie anwenden, um einen unentschlossenen Erpel zu verführen oder um ihre Paarungsbereitschaft zu signalisieren. Eines davon ist bekannt als „Anspornen“, wobei das Weibchen seinen Kopf immer und wieder schnell seitlich nach hinten wirft, besonders wenn es von aufdringlichen Erpeln verfolgt wird; ihr Gatte vertreibt daraufhin die Eindringlinge. Ein „Nicken“ eines unverpaarten Weibchens spornt balzende Erpel zu noch größerer Selbstdarstellung an.

Das Balzverhalten der Vögel ist ein entscheidender Faktor, um Hybridisierung unter eng verwandten Arten zu vermeiden, da Angehörige der einen Art gewöhnlich nicht auf Verhaltensweisen einer anderen Art reagieren. Bei Enten, vor allem bei Schwimmenten, funktioniert dieses System aber gelegentlich nicht, da viele Arten sehr einfache Verhaltensmuster zeigen. Die zehn nordamerikanischen Schwimmenten gehören alle der Gattung Anas an und sind in der Lage, Mischlinge hervorzubringen. Einige Mischlinge sind sogar recht häufig: zum Beispiel Kreuzungen aus Dunkel- und Stockente oder Stockente/Spießente und Blauflügel-/Zimtente, ganz zu schweigen vom genetischen Mischmasch, der bei der Kreuzung von Stock- und Hausente auf unseren Stadtteichen entsteht. Unerfahrene Vogelkundler finden immer wieder „seltene“ Entenarten, die aber nichts anderes als Mischlinge sind – aber sogar Experten können manchmal in die Irre geleitet werden. Im Jahr 1822 malte Audobon eine, wie er dachte, neue Species, die „Bemaculated Duck“, die er später nach seinem Freund Thomas Brewer benannte. Er hatte aber die Befürchtung, daß seine neue Entdeckung nicht ganz legitim war, und er hatte recht; seine „Brewer's Duck“ war nur eine Mischung aus Stock- und Schnatterente, die den grauen Körper der letzteren und den grünlich schimmernden Kopf der ersteren hatte.

Ein Stockentenerpel greift zwar kampflustig jeden anderen Erpel an, der sich seinem Weibchen nähert, aber weder Männchen noch Weibchen verteidigen ein Brutterritorium, und so kann es vorkommen, daß in guten Lebensräumen Stockenten im Abstand von wenigen Metern brüten. Das Weibchen ist bei der Nestsuche nicht so wählerisch wie das der Büffelkopfente. Die Mehrzahl der Nester, soviel ist sicher, ist in Wassernähe zu finden – zwischen Binsen oder Riedgras eines Teichufers, in Sumpfgürteln entlang kleiner Flüsse oder an anderen günstigen Plätzen. Stockenten haben die Gewohnheit – und darin übertreffen sie alle anderen Enten – ihre Nester an den unglaublichsten Stellen zu bauen. Dazu gehören auch Hausdächer, Gemüsegärten, Fensterbretter, unter Freitreppen, in Kähnen, die am Ufer liegen, und in Europa oft auch in hohlen Bäumen. Wassernähe ist also nicht unbedingt eine Voraussetzung für Stockenten.

Auch wenn manche Erpel ihr Weibchen nicht verlassen, wenn dieses zu brüten beginnt, spielen sie bei der Brutfürsorge keine Rolle, und wenn die Jungen geschlüpft sind, ist es immer das Weibchen, mit dem man sie sehen kann. (Viele Leute, die einen Erpel, ein Weibchen und ein paar Küken auf einem Parkteich sehen, halten diese irrtümlicherweise für eine Familie und merken nicht, daß das Männchen zweifellos ein unbeteiligter Dritter ist, der nur darauf aus ist, sich mit dem Weibchen zu paaren.) Das Gelege besteht in der Regel aus 6 bis 12 Eiern – eine große Zahl, wenn man es mit den meisten anderen Vögeln vergleicht, aber für Enten sicherlich nichts Außergewöhnliches. Wasservögel und andere Jagdvögel sind seit langem für ihr hohes Reproduktionspotential bekannt, was zweifelsohne eine Anpassung an den hohen Evolutionsdruck ist, unter dem diese Vögel stehen: Da Enten häufig nur eine Nachkommenschaft haben, kompensiert dieses Potential die Verluste durch Räuber und nach langen Wanderungen und hilft ihnen, nach schlechten Zeiten schnell eine neue Population aufzubauen.

Ein Weibchen, dessen Nest zerstört wurde oder das aus irgendwelchen Gründen keines gebaut hat, legt seine Eier in das Nest einer anderen Henne. Dieses für Stockenten ungewöhnliche Verhalten ist bei anderen Arten – vor allem bei der Rotkopfente – stärker verbreitet.

Rotkopfenten gehören zu den Tauchenten, die im Sommer im nördlichen Hochland leben, in dem die zurückgewichenen Gletscher der letzten Eiszeit eine zernarbte Landschaft mit Tausenden von Sumpfgebieten, Seen und Teichen, die wie Juwelen glitzern, hinterlassen haben. Diese Gletschertöpfe bieten eine außergewöhnlich artenreiche Flora und Fauna und beherbergen alljährlich mehr als die Hälfte der Entenpopulation Nordamerikas, was sie zur größten entenproduzierenden Region der Welt macht.

Sobald der Frühling anbricht, kehren die Rotkopfenten vom Süden der Vereinigten Staaten und aus Mexiko zu den Brutgebieten in der Prärie zurück. Fichtenumsäumte Seen, wie sie die Büffelkopfenten bevorzugen, oder Vorstädte, in denen Stockenten zu finden sind, sind nichts für sie – sie lieben weite offene Lebensräume, große Feuchtgebiete und Sumpflandschaften, wo das einzige, was man am Horizont sehen kann, das verschwommene Purpur der Blumen ist, die sich in dichten Ähren über die Prärie erstrecken. Die Weibchen der Rotkopfenten zeigen eine Vorliebe für Standorte mit höherer Vegetation, mit großen Binsen oder Rohrkolben und bauen ihre Nester tief ins Schilf. Das Nest, das aus abgestorbenem Sumpfgras geflochten ist, schaut aus wie ein großer Korb, der mit Daunen ausgekleidet ist. Wenn auch die Form des Nestes bei Rotkopfenten immer gleich ist, das Nistverhalten der Weibchen ist es mit Sicherheit nicht.

Viele gehen den normalen Weg, legen 10 bis 15 Eier, die sie sorgsam ausbrüten. Andere legen einen Teil ihres Geleges in ihr eigenes Nest, suchen sich aber auch Nester anderer Enten aus – sogar anderer Arten – und legen ein paar Eier zwischen die des Wirtes. Wieder andere Rotkopfenten halten gar nichts vom Nisten und deponieren alle ihre Eier in Nestern anderer Enten. Riesentafelenten und andere Rotkopfenten gehören zu den am meisten parasitierten Arten, aber auch Stockenten und andere Schwimm- und Tauchenten zählen zu ihren Opfern; in einem Gebiet in Utah liegt in 80 Prozent aller Zimtentennester mindestens ein Ei einer Rotkopfente.

Niemand weiß genau, wie das parasitäre Verhalten der Rotkopfenten begann und ob die Mischung von parasitischen und nicht parasitischen Weibchen eine erst vor kurzem entstandene Entwicklung ist, die sich jetzt innerhalb der Art auszubreiten beginnt.

Wie dem auch sei, es gibt eine starke natürliche Selektion gegen den Parasitismus: Nachforschungen haben ergeben, daß die Eier von nichtparasitischen Rotkopfenten mit größerem Erfolg bebrütet werden und demzufolge bei ihnen mehr Junge flügge werden als bei denen, die ihre Eier in ein anderes Nest legten, auch wenn es das Nest einer anderen Rotkopfente war.

Weltweit gibt es Enten mit noch seltsameren Brutgewohnheiten. Die Brandgans in Europa (eine Zwischenform aus Gans und richtiger Ente) benutzt Kaninchenhöhlen zum Nisten, verschmäht aber auch Fuchsbaue und andere natürliche, flache Höhlen nicht. Sind die Küken geschlüpft, folgen sie der Mutter zum Wasser, aber anstatt bei der Familie zu bleiben, vereinigen sich die Küken zu einer „Kinderhorde“, so daß man wenige erwachsene Tiere mit Dutzenden von Entenküken auf dem Wasser umherziehen sieht.

Wasservögel haben ein langes Jugendstadium; obwohl sie weit entwickelt schlüpfen, brauchen sie länger, um den Grad an Unabhängigkeit zu erreichen, für den Singvögel nur drei bis vier Wochen nach der Geburt benötigen. Die meisten Singvögel sind flügge (der Zeitpunkt, zu dem Fliegen möglich wird), wenn sie das Nest verlassen. Bei Enten, die das Nest meistens sofort verlassen, ist der Punkt des Flüggewerdens nicht so klar definiert; es dauert beim Gänsesäger ungefähr fünf Wochen. Wenn die Küken ihr Daunenkleid gegen das Adultgefieder eintauschen, gleichen beide Geschlechter ganz dem Weibchen. Junge Männchen bekommen ihr volles Brutgefieder nicht vor dem Herbst oder in einigen Fällen erst im Spätwinter.

Auch im Sommer unterziehen sich die Erpel einer bemerkenswerten Verwandlung. Innerhalb weniger Wochen mausern sie sich und vertauschen ihr farbenprächtiges Brutgefieder mit dem schlichten Gefieder, das in den meisten Fällen nicht vom düsteren Gefieder der Weibchen zu unterscheiden ist. Zu dieser Zeit verlieren sie auch alle ihre Schwungfedern und werden somit flugunfähig, was zu erklären vermag, warum die Erpel das Tarnmuster mit den Weibchen teilen wollen.

Vogelkundler kann der Versuch, Weibchen von „getarnten“ Erpeln zu unterscheiden, verrückt machen; es gibt zwar Unterschiede, aber sie sind sehr fein und undeutlich. Ein Stockentenerpel in „Eklipse“ hat zum Beispiel eine eher kastanienbraune Brust, und sein Schnabel ist schmutzig oliv anstatt orange-schwarz wie der des Weibchens. Diese Eklipse dauert etwa ein bis zwei Monate; dann folgt eine zweite Körpermauser, die wieder das Brutgefieder hervorbringt. Manche Arten, wie die Löffelente, verzögern die Ausbildung ihres vollen „Hochzeitsgefieders“ bis zum Beginn des Frühlings. Für die Brandgans ist das Einsetzen der Mauser ein Zeichen zu einer einzigartigen Wanderung, bei der nahezu die gesamte britische Population über den Kanal nach Helgoland vor der norddeutschen Küste fliegt. Im Schutz der tiefliegenden Gezeitenzone der Insel mausern sie ihre Flugfedern und kehren in ihre Brutgebiete zurück, wenn ihre neuen Primär- und Sekundärfedern ausgewachsen sind.

Unsichtbare Straßen

Ein Anblick, der einem das Herz höher schlagen läßt – ein Schwarm Wasservögel auf dem Zug nach Süden rudert mit strahlenden Flügeln über den wolkenverhangenen Oktoberhimmel. Aber wenn auch der Anblick von ziehenden Enten die Gefühle der Menschen bewegt, er ist auch mit etwas Wehmut verbunden, denn seit dem Ende der letzten Eiszeit ist der Flug der Enten und Gänse nach Süden ein Anzeichen für den bevorstehenden Winter. Trotz des Komforts, den unser modernes Leben bietet, erschaudern wir immer ein wenig bei dem Vorherwissen, das diese Wanderung bringt.

Aber davon abgesehen ist der Zug der Wasservögel ein majestätisches Schauspiel, das Kontinente zu grenzenloser Einheit verbindet. Politische Barrieren verlieren ihre Unüberwindbarkeit. Für die Vögel ist es eine reine Überlebensfrage.

Fast überall auf der Nordhalbkugel erreicht das Brutgeschäft im Juni seinen Höhepunkt und läßt, von der Arktis abgesehen, im Juli drastisch nach. Die meisten Enten ziehen nur eine Brut auf – das Bebrüten der Eier und die lange Zeit, bis die Jungen flügge sind, lassen für eine weitere keinen Platz. Der Spätsommer ist die Zeit zum Faulenzen, Mausern, um Fettreserven anzulegen und um die Jungen auf das Überleben vorzubereiten – eine Zeit, um Vorbereitungen zu treffen.

Jetzt, am Ende des Sommers, sind die Enten von einer inneren Unruhe erfüllt und befinden sich in einem Zustand, den Biologen als „Zugunruhe" bezeichnen. Wenn man im späten August eine Schar Enten beobachtet, sind diese sehr aktiv; die Vögel sind gereizt, springen ohne ersichtlichen Grund in die Luft und starten zu kurzen Rundflügen über der Marsch. Sie rasen umher und scheinen sich niemals auszuruhen. Die Spannung, die in der Luft liegt, breitet sich von Vogel zu Vogel aus.

Genauso wie das Einsetzen der Paarungszeit im Frühling und die Mauser im Sommer ist diese Ruhelosigkeit eine Folge der Hormone – Prolactin aus der Hypophyse und Corticosterone aus anderen endocrinen Drüsen. Hormone sind auch dafür verantwortlich, daß die Enten Fettreserven anlegen, obwohl sich der Prozentsatz an Fett, den Enten ansetzen, nicht mit dem eines Singvogels vergleichen läßt, der eineinhalb mal mehr wiegt als zur Brutzeit.

Auch die Hormone brauchen einen Auslöser, und dieser Auslöser ist das Sonnenlicht. In den gemäßigten Zonen ändert sich die Tageslichtlänge von Tag zu Tag, von den kurzen Tagen im Winter bis zum durchgehenden Zwielicht im Sommer. Biologen haben herausgefunden, daß dieses Verhältnis von Licht und Dunkelheit, auch als Photoperiode bezeichnet, beinahe alle Vorgänge im Leben eines Vogels steuert – vom Brutverhalten bis zum Wandertrieb – indem es verschiedene Hormone freisetzt.

Auch wenn die Vögel in einem guten physiologischen Zustand sein müssen, ist es letztendlich das Wetter, das den Ausschlag gibt. Oft ist ein von der Arktis kommendes Hochdruckgebiet, das klaren blauen Himmel, kalte Temperaturen und rauhe Nordwestwinde mit sich bringt, der Zündfunke. Wie dem auch sei, der Zug nach Süden ist nicht universell: Zwischen Jungtieren und älteren Tieren gibt es klare Unterschiede im Timing der Wanderschaft. Die alte Meinung von einem erfahrenen Führer, der die Schar nach Süden bringt, ist falsch. Bei nahezu allen Arten beginnen die jungen Vögel, die erst vor wenigen Monaten geschlüpft sind, ihren Zug nach Süden früher als ihre Eltern und folgen dabei instinktiv einer genetisch festgelegten Route. Auch bei der Handvoll Arten, bei denen die adulten Männchen zuerst aufbrechen – Spießente und Blauflügelente gehören dazu –, ziehen die verschiedenen Altersgruppen (und manchmal sogar die beiden Geschlechter) zu unterschiedlichen Zeiten los.

Bei vielen Vögeln, nicht nur bei Enten, bleiben die adulten Tiere am längsten in den Brutgebieten und werden vom ständig schlechter werdenden Wetter, das der Wintereinbruch mit sich bringt, förmlich hinausgeworfen. Entlang der Atlantikküste sind dann oft nur noch große, ausgewachsene Dunkelenten mit ihren leuchtend roten Beinen zu sehen, die sich in den halsbrecherischen Winden der ersten Winterstürme treiben lassen. Diese Vögel sind wesentlich robuster als ihre Weibchen und Jungvögel. Vor der Jahrhundertwende wurden sie von Wasservogelkennern „Rotbeinenten" genannt, da sie sie für eine eigene Art hielten.

Für Lebewesen, die so gut gegen die Kälte geschützt sind wie Enten, ist es weniger die Kälte an sich, die sie zur Abwanderung zwingt, als immer seltener werdendes Futter und zugefrorene Gewässer. Eine Ente, die ihre Nacht mitten auf einem Weiher oder See verbringt, ist so sicher, wie ein in freier Wildbahn lebendes Tier nur sein kann. Sie kann eigentlich nur von großen Ohreulen, Ottern oder vielleicht einem abenteuerlustigen Nerz angegriffen werden. Wenn der See zufriert und der Vogel nicht durch einen plötzlichen Kälteeinbruch im Eis festfriert, was auch von Zeit zu Zeit vorkommt, muß die Ente ihr schützendes Asyl verlassen.

Für Vögel, die fliegen können und nicht an die Erde gebunden sind, scheint die kürzeste Verbindung zwischen zwei Punkten die Gerade zu sein. Im hohen Maße ist das auch so, aber selbst auf eine in großer Höhe fliegende Ente hat der Landverlauf tief unter ihr einen entscheidenden Einfluß auf den Verlauf ihrer Flugroute. Sogenannte Orientierungslinien in der Landschaft – Flüsse, Täler, Seeufer, die Küste oder Gebirgszüge – tragen dazu bei, daß sich die Wanderer letztendlich für den einen oder anderen Weg entscheiden. Das Ergebnis ist, daß in den ungeordneten Haufen nach Süden ziehender Enten sofort Ordnung einkehrt und sie sich zu „Flüssen am Himmel" anordnen.

Diese unsichtbaren Straßen, „Fluglinien" genannt, sind vererbte Routen, die die Brutgebiete im Norden mit den wärmeren, freundlicheren Regionen im Süden verbinden. In Nordamerika, wo deren Existenz erstmals erkannt wurde und der Name geprägt wurde, gibt es vier Hauptfluglinien: die Atlantik-, Mississippi-, die Zentral- und Pazifikfluglinie. Im Lauf der Jahre wurden viele Karten davon gezeichnet: schöne Schneisen, auf denen die Wasservögel den Kontinent überqueren – zu schön, wie es scheint, denn die Fluglinien sind nicht so eindeutig, wie uns die Karten glauben machen möchten. Die Mississippi-Fluglinie zum Beispiel wird benutzt von Enten aus der Arktis, aus dem Norden Alaskas bis zu der Region um Quebec. Enten, die die Atlantik-Fluglinie benutzen, kommen aus Gebieten, die im Bereich der Nordwest-Territorien liegen. Dabei kreuzen sie den Weg von Vögeln, die nur ein paar Tundraseen nebenan brüten, aber der Pazifik-Linie nach Süden folgen. Sogar in ihren Mittelpunkten gibt es beträchtliche Überschneidungen zwischen den Fluglinien, und es ist eine willkürliche Definiton, wo die eine beginnt und die andere endet.

Obwohl seit langem bekannt war, wo die Hauptwintergebiete liegen und welche Routen hauptsächlich benutzt wurden, kam das volle Ausmaß dieses Fluglinienssystems erst in der ersten Hälfte des 20. Jahrhunderts, in der die Beringung aufkam, ans Licht. Beringung ist zwar eine alte Technik (Audubon wickelte in Pennsylvania Silberdraht um die Beine von Singvögeln, um nachzuweisen, daß sie jedes Jahr in das gleiche Revier zurückkehren), war aber bis in die zwanziger Jahre dieses Jahrhunderts nicht international organisiert. Ausgebildete Beringer fangen die Vögel und zwicken leichte, aus einer Aluminium-Legierung bestehende Bänder um ihre Beine, die eine registrierte Seriennummer und die Adresse der Vogelberingungsanstalt in Washington D.C. eingeprägt haben. Einmal beringt, wird aus dem davor anonymen Vogel ein jederzeit wiederzuerkennendes Individuum, und wenn er irgendwann wieder gefangen oder tot gefunden wird, können anhand des Ringes Daten über sein Leben, seine Wanderrouten und vieles mehr herausgefunden werden.

Enten sind zweifellos die am häufigsten beringten Wildvögel, da ihre Lebensgewohnheiten für Biologen sehr aufschlußreich sind. Außerdem sind sie leicht in größerer Anzahl zu fangen, besonders während der Sommermauser, in der sie nicht fliegen können. Enten haben vielleicht auch die höchste Wiedererkennungsrate unter allen beringten Vögeln, da jeden Herbst zahlreiche Tiere von Jägern abgeschossen werden. Als Ergebnis kam ein klares Bild ihrer Wanderrouten, Brut- und Winterquartiere an den Tag, und die Untersuchungen dauern an, um dieses Bild zu vervollständigen.

Dank der weitläufigen Beringungen haben Wissenschaftler herausgefunden, daß weibliche Enten ihrem Geburtsort treuer sind als Männchen und daß demzufolge bei Arten, die sich in den Wintergebieten paaren, die Männchen den Weibchen folgen und nicht umgekehrt. Anhand der wiederentdeckten Ringe stellte man fest, daß die meisten Enten für ihren Flug nach Süden ungefähr einen Monat benötigen, die umgekehrte Richtung im Frühling, wenn die Eiablage bevorsteht, aber in wesentlich kürzerer Zeit schaffen. Man weiß, daß viele Weibchen Jahr für Jahr in dieselbe Baumhöhle oder auf denselben Grashügel zurückkehren, um dort ihre Nester zu bauen, daß die Blauflügelenten aus Manitoba (Provinz in Kanada) in Venezuela überwintern und daß Stockenten bis zu 23 Jahre alt werden können (was ein beringtes Tier in Oregon bewieß).

Beringungen und andere Markierungsversuche brachten sowohl die Feinheiten des Flugliniensystems als auch dessen Ausnahmen ans Licht. Eine umfassende Studie über Riesentafelenten hat ergeben, daß die Tiere jeden Herbst ihre eigene Route nehmen, anstatt den Scharen zu folgen. Die meisten Riesentafelenten nisten in den nördlichen Prairien, und ein großer Prozentsatz überwintert in der Chesapeake- oder einer anderen Atlantikbucht. Um dorthin zu gelangen, ziehen die Riesentafelenten nach Osten, überqueren die Großen Seen (an denen einige von ihnen überwintern) bis hin zum Ozean. Andere verlassen die Hauptroute und verbringen die Jahreszeit südlich des Mississippi. Wieder andere entscheiden sich für die Zentral- oder Pazifikfluglinie, auch wenn das bei weitem nicht soviele sind, wie nach Osten ziehen.

Die Beringung mag die Komplexität der Wanderrouten verdeutlichen, aber sie erklärt nicht, wie sie sich entwickelt haben. Eine solche Diskussion ist aber nicht nur auf Enten beschränkt; Biologen zermartern sich das Hirn genauso über die nicht weniger eindrucksvollen Reisen von Singvögeln, Seevögeln, Rabenvögeln und nahezu jeder anderen Vogelgruppe der gemäßigten Zone. Es gibt zwei unterschiedliche Meinungen, als „Southern Home" und „Northern Home"-Theorie bekannt.

Der „Southern Home"-Theorie zur Folge stammen die meisten Vögel der nördlichen Hemisphäre aus dem Süden. Sie lebten weit weg von den Gletschern, die im Pleistozän weite Gebiete Nordamerikas und Eurasiens bedeckt und über Tausende von Jahren zu einer Eiswüste gemacht haben. Als sich das Eis zurückzog, drangen die Vögel nach Norden vor und erweiterten ihre Brutgebiete jeden Sommer um ein keines Stück, kehrten aber jedes Jahr zu Beginn des Winters in die wärmeren Klimazonen zurück. Im Lauf der Zeit, so glaubt man, wurde die Distanz zwischen den Wintergebieten ihrer Vorfahren und den Brutgebieten größer und größer, so daß sie heute von den Tropen bis zur Arktis reicht.

Aber warum dann überhaupt der Weg nach Norden? Warum bleiben sie nicht gleich im milden Süden, wo das Klima angenehmer ist und keine anstrengenden Wanderungen unternommen werden müßten? Dafür gibt es zwei Gründe: Der erste ist, daß die Konkurrenz einige Enten unausweichlich nach Norden zwang, die dort neue Lebensräume besiedelten. Aber nicht nur die Leere, auch die höheren Breiten brachten deutliche Vorteile – längere Tage (sogar durchgehend Sonnenlicht in der Arktis) und eine Unzahl an Insekten, die die Küken zum Wachstum brauchen.

Die „Southern Home"-Theorie scheint klar und logisch zu sein, aber Befürworter der „Northern Home"-Theorie haben einige Schwachstellen und Widersprüchlichkeiten darin entdeckt. Zum Beispiel stimmen viele Wanderrouten, die Wasservögel benutzen, mit dem Verlauf alter Flußsysteme, die es lange vor den Gletschern gab genau überein, so daß die Fluglinien viel älter sein müssen. Deshalb stellen manche Biologen die Theorie auf, daß die Vögel ursprünglich im Norden lebten, wo es in früheren geologischen Perioden wesentlich wärmer war als heute. Die unerklärliche Veränderung des Klimas, die zur Eiszeit führte, hat demnach die Vögel nach Süden gezwungen; sie wanderten wieder nach Norden, als sich die Gletscher zurückgezogen hatten.

Sicherlich liegt die Wahrheit irgendwo dazwischen, und in der Tat sehen viele Biologen die beiden Theorien als Teil eines Ganzen, zumal sie sich nicht gegenseitig ausschließen. Die Wurzeln des Vogelzuges reichen offensichtlich bis weit in die Geschichte zurück, aber Enten haben eine bemerkenswerte Anpassungsfähigkeit. Stockenten erweitern ihre Brutgebiete nach Norden, während Rotkopfenten und Schnatterenten nach Osten ausweichen. Die beste Chance zu überleben ist eine wichtige Mischung aus vererbter Vergangenheit und einem Blick in die Zukunft.

Noch aufregender als die Frage nach dem Ursprung der Fluglinien ist die Frage, wie die Enten ihren Weg von Norden nach Süden und zurück mit dieser unheimlichen Treffsicherheit finden, vor allem die Jungen, die niemals zuvor gereist sind. Die meisten wissenschaftlichen Ergebnisse, die wir bis jetzt haben, beziehen sich auf Tauben, aber es ist anzunehmen, daß viele dieser Ergebnisse in gewissem Maß auf alle Vögel zutreffen.

Zur Wanderung gehören zwei unterschiedliche Fertigkeiten: Orientierung und Navigation. Das erste setzt eine innere „Landkarte" von dem zu überquerenden Gebiet voraus; das zweite ist ein „Kompaß", der dem Vogel verrät, wo er sich befindet und der ihm die Richtung angibt, um sein Ziel zu finden.

Die grundlegende innere Karte besitzen die Vögel anscheinend instinktiv, obwohl Adulte seltener verlorengehen als Jungtiere, woraus man schließen kann, daß Erfahrung eine gewisse Rolle spielt. Tatsächlich entwickelt eine Ente vielleicht zwei Karten – eine genetisch festgelegte, die die Route für Langstreckenwanderungen enthält, und eine andere, die auf Erfahrung beruht und gebraucht wird, um den Weg in unmittelbarer Umgebung zu finden Die erstere bringt sie 3000 Kilometer zur Tundra, die zweite zu der Bucht desselben Tundraweihers, in der sie ein Jahr zuvor brütete.

Studien über Tauben, Enten, Singvögel und Seevögel haben einige der Verwirrungen, wie ein Vogel navigiert, aufgeklärt. Alle haben gezeigt, daß sich Vögel an verschiedenen Anhaltspunkten orientieren – manchmal vertrauen sie auf diese, manchmal auf jene. Während des Tages können sich wandernde Vögel an der Sonne orientieren, indem sie instinktiv deren Verlauf zwischen Sonnenaufgang und Sonnenuntergang auswerten. Wichtiger für Enten, die weitgehend nachts fliegen, ist die Orientierung an den Sternen. Nachforschungen haben gezeigt, daß junge Vögel das Sternenmuster der Region lernen, in der sie geboren wurden, vor allem die Position des Polarsterns. Vögel, die sich im Stadium der Zugunruhe in einem Käfig in einem Planetarium befinden, orientieren sich, wenn ihnen das Sternenmuster aus der Region gezeigt wird, in der sie aufgewachsen sind. Verändern die Experimentatoren die Sternenkarte, bringen sie damit die Orientierung der Vögel aus dem Gleichgewicht.

Eine wolkige Nacht erschwert eine genaue Orientierung genauso wie ein strahlender Mond (Stockenten können sich nur schlecht orientieren, wenn der Mond zunimmt). Bei Tage können Landmarken, vor allem so deutliche wie Flußtäler, mit der inneren Karte verglichen werden und so den Weg zeigen. Tauben und bestimmt auch andere Vögel orientieren sich auch am Magnetfeld der Erde, obwohl magnetische Orientierung in unmittelbarer Heimatnähe besser funktioniert, ist als über lange Entfernungen. Tauben und andere Seevögel benutzen den Geruch, um ihr Ziel genau festzulegen, aber auch diese Hilfsmittel sind für Langstreckenflieger wie Enten nicht verfügbar oder nutzlos. Offensichtlich gibt es noch viel darüber zu lernen, wie Enten ihren Weg finden.

Die Wanderung ist besonders für die Jungvögel ein riskantes Unternehmen, denen die Erfahrung und die körperliche Kondition der Eltern fehlt; bei Enten, wie auch bei anderen Vögeln, kann die Sterberate unter den Jungen im ersten Herbst und Winter bis zu 75 Prozent betragen. Die Ursachen für ihren Tod sind Hunger, Krankheiten, Verletzungen, Verfolgung durch Feinde und manchmal einfach nur Pech. Oft irren die Enten blind im Nebel herum, was für sie verheerende Konsequenzen hat, wenn sie mit Gebäuden, Versorgungsleitungen oder Hochspannungsmasten zusammenstoßen. Ein Schwarm Enten, der von einem Sturm überrascht wird, kann durch starke Winde verdriftet werden, erbarmungslos vom Hagel erschlagen werden oder durch gefrierenden Regen, der die Flügel vereisen läßt, abstürzen. Vogelkundler haben herausgefunden, daß wolkenbruchartige Regenstürme wandernde Enten zur Landung zwingen können, oft auch in Gebieten, wo man es nicht erwartet. Meeresenten, wie zum Beispiel Brillen- oder Eisenten, können häufig beobachtet werden, wenn sie an kleinen Binnenseen warten, weitab von ihrem gewohnten Lebensraum, bis ein Sturm vorüber ist; sobald der Regen nachläßt, fliegen die Enten weiter, so daß ein Vogelbeobachter, der in der warmen Stube wartet, bis der Sturm vorüber ist, diese Raritäten nicht zu Gesicht bekommt.

Feinde sind zu jeder Zeit eine Gefahr, obwohl Enten von Natur aus wachsam sind und das offene Marschland ein ungünstiger Ort ist, um sich erfolgreich anzupirschen. Eine gesunde Ente hat von Feinden wenig zu befürchten, obwohl der Wanderfalke – der „Entenfalke", wie er früher genannt wurde – in der Lage ist, selbst den schnellsten Wasservogel zu schlagen. Wie ein Geschoß mit zwei Flügeln kann der Falke im Sturzflug Geschwindigkeiten bis zu 300 km/h erreichen; er prescht damit zwischen Wattvögel, Enten und andere Küstenbewohner. Angesichts eines solchen Gegners liegt die größte Chance der Enten in ihrer Zahl. Stürzt sich ein Wanderfalke in einen dichten Haufen auffliegender Enten, wird er versuchen, eine einzelne aus dem Verband herauszulösen. Gelingt es ihm nicht die Gruppe zu zerstreuen, wird seine Attacke fehlschlagen. So erweist die Ente, die am weitesten hinterher ist oder die auf den Alarm zu spät reagiert hat oder entweder krank, verletzt oder dumm ist und von einem Verfolger aus der Gruppe abgetrennt wurde, der ganzen Population unabsichtlich einen Dienst.

Der größte Feind ist aber der Mensch; Sportjäger töten jedes Jahr zur Herbstwanderung Hunderttausende von Enten, – durch kommunale und staatliche Gesetze geregelt – , dezimieren unter dem Deckmantel der Arterhaltung den „biologischen Überschuß". Jagen hatte einen grundlegenden Einfluß auf die Erhaltung der Enten. Es soll später noch ausführlicher erläutert werden.

Im Herbst wandern die Enten nach „Süden", aber wie südlich der Süden ist, ist relativ; die Wintergebiete mancher Arten liegen nördlicher als die Brutgebiete vieler anderer Arten. Viele Meeresentenarten ziehen nicht weiter nach Süden, als unbedingt nötig ist, um dem Packeis zu entgehen, und manche Eiderenten verlassen dabei kaum die Arktis. Bergenten halten sich im Winter in der Höhe der Küste von Neufundland auf.

Für die meisten Schwimmenten sind die Grenzen zwischen Sommer- und Wintergebieten deutlicher gezogen. In Nordamerika sind Atlantik- und Golfküste, das Tal des Mississippi und die Pazifikküste deutliche Sammelpunkte. Anders als Singvögel, die gewöhnlich in relativ begrenzten Gebieten überwintern, haben Wasservögel eher ausgedehnte Wintergebiete; so kann die Blauflügelente von Kalifornien und der südlichen Atlantikküste bis nach Peru und Brasilien gefunden werden; sie hat aber ihren Schwerpunkt in Mittelamerika. Amerikanische Pfeifenten sind über ein noch größeres Gebiet verteilt, von Südostalaska und Neuschottland entlang beider Küsten, über den Golf nach Mexiko die Pazifikseite von Mittelamerika bis ins nördliche Südamerika hinein.

In der westlichen Hemisphäre verbindet die Wanderroute für gewöhnlich Nord- und Südamerika und geht dabei über die schmale Landbrücke Mittelamerikas. Nicht so in Europa und Asien, wo die ausgedehnten Landmassen mehrere Passagen zwischen Norden und Süden ermöglichen, die alle mehr oder weniger von Wasservögeln benutzt werden. Um der Gefahr von langen Wasserüberquerungen auszuweichen, folgen die meisten westeuropäischen Wandervögel den Landbrücken (oder teilweisen Landbrücken) über die Iberische Halbinsel, Italien, Griechenland und den Nahen Osten. Hier ist Wanderung in Ost-West-Richtung eher vorstellbar als in Nordamerika. Ein Beispiel für eine Ente, die in dieser Richtung wandert, ist der Zwergsäger, eine der bemerkenswertesten Enten der Welt. Rein weiß, bis auf ein paar schwarze Flecken im Gesicht, am Rücken und auf den Flügeln, brütet der Zwergsäger an Süßwasserseen in der nördlichen Sowjetunion und Skandinavien. Wenn der bittere arktische Winter einsetzt, zieht der Zwergsäger nach Westen und Süden (von den Britischen Inseln bis zum Schwarzen Meer) und sucht nach offenen Wasserflächen, Flußmündungen und Meeresarmen.

Auch in der Alten Welt gibt es Langstreckenwanderer. Die Knäkente, die in ganz Eurasien brütet, von Island bis zum sowjetischen Fernen Osten, zieht im Herbst über den südeuropäischen Flaschenhals bis nach Nord- und Zentralafrika. Nach der Regel, daß Arten, die sehr weite Wanderungen unternehmen, natürlich auch sehr oft zerstreut anzutreffen sind, sind Knäkenten auch echte Einwanderer in Alaska sowie an beiden Küsten und einer Zahl von Binnenseen in Nordamerika.

Die Aleuten, die die Alte Welt mit der Neuen verbinden, rühmen sich vieler solcher Vögel. Außer nach der Knäkente suchen Vogelkundler, die die Inselkette im Herbst besuchen, nach der Sichelente, einer asiatischen Art, die ihren Namen von der sichelförmig gebogenen Schopffeder des Erpels hat, und nach der Baikalente, einem der am charakteristischsten gemusterten Wasservögel der Welt. Der weiß, braun, schwarz und grünlich gemusterte Kopf des Erpels sieht wie eine Krone aus.

Schwimmenten neigen dazu, im Winter den gleichen Lebensraum aufzusuchen, den sie auch im Sommer bevorzugen, zumal Brackwasser- oder Salzwassersümpfe oft ihr Frischwasser gegenseitig austauschen. Anders hingegen die Tauch- und Meeresenten, die von Saison zu Saison andere Plätze aufsuchen. Die Brillenente – „Stinktierkopf", wie sie die Fischer Neuenglands nennen – verläßt die Teiche in den nördlichen Wäldern und besucht an beiden Küsten Trauer- und Samtente, Schellente, Eis- und Büffelkopfente. Die Brillenente bevorzugt die Brandung; dort, direkt bei den Brechern, versammeln sie sich in großen Scharen, Flöße genannt, und tauchen unermüdlich in die kalten Wellen hinab zu Muschelbänken, die im Winter die Hauptnahrung bilden (im Magen einer toten Ente wurden über 1000 kleine Muscheln gefunden). Durch ihren schwarz-weiß-orangen Schnabel hat die Brillenente eine ganze Menge Spitznamen erhalten wie Glotznase, Meeresbläßhuhn und Schnupfer.

Die Nordküste scheint im Winter nicht gerade dazu einzuladen, dort mehrere Monate zu verbringen, aber das hindert trotzdem viele Entenarten nicht daran. Die Eiderente wandert im Lauf der Jahreszeiten so gut wie gar nicht. Viele verkriechen sich lediglich unter ausgewaschene Felsen und warten darauf, daß der Winter zu Ende geht.

Die vier auf der Welt vorkommenden Arten von Eiderenten

sind die hartnäckigsten nördlichen Enten; nur die gewöhnliche Eiderente (*Somateria mollissima*) hat feste Brutgebiete außerhalb der Arktis, etwa in der Höhe von Maine. Sie sind alle durch eine dicke Schicht aus Daunen gut vor der Kälte geschützt, an die rauhen Lebensbedingungen bestens angepaßt und haben, wie die meisten arktischen Tiere, einen relativ massiven Körper mit kurzen Anhängen, um die Wärme zu speichern.

Die Eiderenten sind von bizarrer Schönheit. Der Erpel der Prachteiderente hat einen hellblauen Kopf mit grünen Wangen, einen fleischroten Schnabel und einen orangeroten, hochgewölbten Stirnhöcker. Der Kopf des Plüschkopfentenerpels ist moosgrün und hat einen großen, weißen Augenfleck, der schwarz umrandet ist. Sehr häufig kommen bei den Eiderenten Pastellfarben vor, von oliv bis mattgrün. Da sie so abgeschieden in der Welt von Eisbären und Belugawalen leben, sind die Eiderenten den meisten Menschen nur sehr wenig bekannt – sogar den meisten Biologen, deren Aufgabe es jetzt ist, die vielen Geheimnisse ihres Lebens zu enthüllen. Alle leben im Winter pelagisch, besonders die Plüschkopfente, von der angenommen wird, daß sie den Winter auf der Beringsee, weitab der Küste, verbringt und dort nach Muscheln taucht. Die Prachteiderente, die vor Alaska und Ostkanada überwintert, ist auch ein Schalentierfresser und taucht dabei bis zu 60 Meter tief, eine Tiefe, die sonst nur noch von der Eisente erreicht wird.

Die seltsam gemusterte Kragenente bleibt Sommer wie Winter dem rauhen Wasser treu. Während der Brutzeit bewohnt sie die wildesten Flüsse der ostkanadischen Arktis. Zwischen den Rocky Mountains und Alaska sind die turbulentesten Flüsse und Ströme, wo die Wellen nur so gegen die Uferböschung klatschen, ihre beliebtesten Spielplätze. Die Kragenenten meistern die Stromschnellen ohne Schwierigkeiten, tauchen zum Grund, wo sie vorsichtig zwischen den Felsen herumspazieren und Krebse und Insekten fressen.

Im Winter vertauschen die Kragenenten die entlegenen Flüsse mit der nördlichen Atlantik- oder Pazifikküste. Dort beziehen sie in der wildesten Brandung Stellung, wo die Wellen gegen die Felsküste oder Hafenmolen donnern. Anders als viele Tauchenten, die nur ihre Füße benutzen, um sich unter Wasser fortzubewegen, benutzen Kragenenten sowohl ihre Beine als auch ihre Flügel – vielleicht eine Verhaltensanpassung, um sich gegen diese widrigen Umstände zu behaupten.

Zuletzt sind da noch die Enten, die an Ort und Stelle bleiben, die ortsfesten Enten, die die zweimalige Wanderung im Jahr zugunsten einer festen Heimat aufgegeben haben. Einzelne Tiere vieler Arten zeigen dieses Verhalten (Stockenten sind notorische Daheimbleiber, und Brautenten bewohnen hauptsächlich den Süden), aber nur wenige Arten haben dies zur Regel statt zur Ausnahme gemacht.

Wie zu erwarten ist, sind die ortsfesten Arten eher in südlichen Gefilden verbreitet; wenigstens ist das in Nordamerika der Fall. Die Pfeifgänse, eine Mischung aus Ente und Schwan, wandern im allgemeinen nicht, obwohl die Herbstpfeifgans jeden Sommer von Mexiko nach Südarizona zieht. Die Gelbe Pfeifgans, die in Florida, an der Golfküste und in Südkalifornien vorkommmt, bleibt immer an Ort und Stelle. Pfeifgänse unterscheiden sich von den typischen Enten in Anatomie und Biologie fast in jeder Hinsicht. Zum Beispiel fressen sie meistens bei Nacht und haben hinsichtlich des Geschlechts vertauschte Rollen, da für gewöhnlich das Männchen die Eier ausbrütet.

Ein anderer Golfküstenbewohner, die Florida-Stockente, ist vielleicht nur eine Unterart der Stockente – eine Ansichtssache, über die sich Taxonome streiten. Aus ökologischer Sicht gesehen ist die Florida-Stockente eine eigene Art, die die Wanderungen aufgegeben hat, um das ganze Jahr in Brackwasser- oder Süßwassersümpfen zu leben. Mehr einer Dunkelente als einer Stockente ähnlich, schauen Männchen und Weibchen der Florida-Stockente mit ihrem braunen Körper, blassen Kopf und gelben Schnabel gleich aus. Erst kürzlich wurde eine dunklere Form, die „Mexican Duck“, von Ornithologen entdeckt, aber es stellte sich heraus, daß auch sie nur eine Unterart der Stockente war.

Erhaltung

Es ist eine Feststellung, die eher widersprüchlich erscheint: Enten haben sich gerade deshalb so prächtig entwickelt, weil es so viele Menschen gibt, denen es Vergnügen bereitet, sie zu jagen. Wenn sie sich nicht so leicht ködern ließen, nicht so gut schmecken würden und die Jagd auf sie nicht so aufregend wäre, wären Nordamerikas Wasservögel vielleicht den gleichen Weg gegangen wie die Wandertaube lange Zeit zuvor.

Aber Menschen schätzen diese Dinge von reellem Wert, und Enten haben für Millionen von Menschen einen enormen Stellenwert. Männer und Frauen sind bereit, stundenlang im kalten Sumpf zu stehen, bis ihnen alle Knochen weh tun. Sie scheuen weder Mühe noch Kosten, um an welligen Meeresbuchten Lockvögel auszulegen oder den ganzen Morgen im feuchten Schlamm, fern jeglichen Komforts, auf ihre Chance zu warten. Diese Leute sind aber auch dazu bereit, Millionen von Dollar zur Erhaltung der Enten auszugeben, etwa indem sie Feuchtgebiete aufkaufen und so Zufluchtsgebiete schaffen, Verschmutzungen überwachen oder andere nützliche Projekte ins Leben rufen.

Egal wie man es nennt – Altruismus oder aufgeklärten Eigennutz – Hauptsache ist, es funktioniert. Angesichts von Trockenlegungen, rasender Zerstörung von Lebensräumen, Verschlechterung der Umweltbedingungen und einer Reihe weiterer widriger Umstände haben sich die Enten relativ problemlos bis ins späte 20. Jahrhundert gehalten, größtenteils aber deshalb, weil es so viele menschliche Helfer gibt, die jeden Herbst ihren Beitrag für ein Ritual entrichten, das so alt ist wie die Menschheit.

Es schaut zwar nicht mehr so rosig aus, wie es einst mal war, aber vor einem Jahrhundert war die Lage besonders schlecht. Enten waren ein Zeitvertreib für jedermann und zu jeder Zeit. Es gab keinerlei Gesetze, die die Jagdzeiten, die Abschußzahlen oder die Jagdmethoden regelten. Berufsjäger, die mit auf Booten montierten Kanonen auf schlafende Scharen Jagd machten, konnten innerhalb eines Atemzuges Hunderte von Vögeln umbringen oder verkrüppeln. Der Einsatz von Ködern und lebenden Lockvögeln nahm genauso überhand wie die Jagd im Frühling. Von der kurzen Brutzeit abgesehen, gab es in den nördlichen Sümpfen und Wäldern kein Pardon und keine Gnadenfrist.

Noch sind Enten, biologisch gesehen, dadurch unverwüstlich, daß jede Henne in der Lage ist, alljährlich ein Gelege mit 15 oder mehr Küken auszubrüten, eine Kapazität, die dem alljährlichen ungehinderten Gemetzel wenigstens die Spitze nahm. Aber zu der Schießerei kam ein weiterer Faktor dazu, der mindestens genauso verheerend ist: die unbeabsichtigte Zerstörung des Lebensraumes. Die Farmer hatten die nordamerikanischen Prairien in die reichsten Kornkammern der Welt verwandelt, aber sie taten das auf Kosten der natürlichen Feuchtgebiete, die für die Enten den wichtigsten Lebensraum boten.

Zuerst kam gesetzlicher Schutz für die Enten. Sportjäger, vom galoppierenden Tempo des maßlosen Tötens und vom immer schneller schwindenden Bestand an Enten alarmiert, plädierten energisch für Beschränkungen und festgelegte Schonzeiten. Was die Sache allerdings komplizierter machte, war die Unkenntnis der Enten von Grenzen; eine Krickente kann auf dem Weg zwischen Winterquartier und Brutgebiet drei Nationen und ein Dutzend Staaten und Provinzen überqueren. Enten sind ein internationaler „Schatz“ und haben daher auch ein Anrecht auf internationalen Schutz.

Nach langen Verhandlungen wurde 1916 der Vertrag zum Schutz der Zugvögel zwischen Kanada und den Vereinigten Staaten unterzeichnet, und er wurde zwei Jahre später ergänzt, als der Kongreß Zwangsgesetze verabschiedete; ein ähnliches Abkommen mit Mexiko folgte 1936. Obwohl dieses Abkommen für alle Zugvögel von Singvögeln bis zu den Sandpfeifern galt, hatte es gerade auf Wasservögel gewaltige Auswirkungen. Die destruktiven Jagdmethoden waren geächtet, seitdem es verboten war, Wildvögel, ihr Fleisch oder andere Teile davon zu verkaufen. Noch wichtiger war, daß letztendlich die Regierung die Macht hatte, Jagdzeiten und Abschußquoten festzulegen und die Kontrolle über Wildtiere in die Hände einer professionellen Wildschutzbehörde legte.

Heute ist die Überwachung von Enten schon fast eine Wissenschaft, die die Technologie des Weltraumzeitalters, wie Satellitenüberwachung und Markierung mit Radiosendern, mit altmodischer Außenarbeit kombiniert. Jeden Sommer verschaffen sich Biologen in den USA und in Kanada einen umfassenden Überblick über die Brutgebiete, beurteilen die Entenpopulation, suchen nach Anzeichen, die negative Auswirkungen haben könnten und liefern so die Daten, anhand derer die Jagdzeiten und Abschußquoten ermittelt werden. Zeigen sich bei irgendeiner Art Unregelmäßigkeiten, wird die Wildschutzbehörde deren Schutz verstärken, wie es seit 30 Jahren immer wieder der Fall bei der Riesentafelente gewesen ist, die unter der Zerstörung ihrer Brutgebiete in der Prairie gelitten hat. Durch vorschriftsmäßiges Jagen versucht die Behörde die Anzahl der Enten stabil zu halten oder leicht ansteigen zu lassen und erlaubt den Jägern ihren Sport auszuüben – ein Zeitvertreib, der jährlich Millionen von Dollar für den Schutz von Lebensräumen abwirft.

Aber keine Anstrengungen können den Schaden ungeschehen machen, der an den Lebensräumen der Enten in den frühen Jahren des 20. Jahrhunderts angerichtet wurde. Dazu wäre Geld nötig gewesen, aber wenn das Land kopfvoraus durch die “Große Depression“ schlittert und noch dazu von einer harten Dürre geplagt wird, ist Geld genauso rar wie ein wassergefüllter Sumpf.

Man verfolgte mehrere Ideen, um Hilfsfonds für Enten zu schaffen, aber nur eine setzte sich durch – das Konzept einer nationalen Enten-Jagdgenehmigung. Somit war die „federal Migratory Bird Hunting and Conservation Stamp“ ins Leben gerufen.

Allgemein als „Enten-Marke“ bekannt, erschien sie 1934 zum ersten Mal und kostete einen Dollar. Die übergroße Briefmarke, auf der eine Zeichnung von zwei Stockenten zu sehen war und die von dem anerkannten Naturschützer und Karikaturisten J.N. „Ding“ Darling entworfen wurde, wurde an alle Entenjäger, die über 16 Jahre alt waren, ausgegeben. Im Nu hatte man über eine halbe Million Dollar eingenommen. Im Lauf der Jahre wurde die Marke immer teurer (12,50 Dollar im Jahr 1990), und die jährlichen Einnahmen belaufen sich – dank des Erwerbs durch Jäger, Vogelfreunde und Sammler, die jedes Jahr von einem anderen Bild eines nordamerikanischen Wasservogels hingerissen sind – auf rund 15 Millionen Dollar. Das Enten-Marken-Programm war ein Gottessegen für die Wildtiere im allgemeinen und für die Enten im besonderen. Das Geld wird zum Kauf und zur Erhaltung von Lebensräumen verwendet . Die meisten Feuchtgebiete sind heute Teil des National Wildlife Refuge System.

Anders als Nationalparks, die geschaffen wurden, um landschaftlich schöne Gebiete zu erhalten, wurden Amerikas Wildlife Refuges geschaffen, um für wildlebende Tiere intakte Lebensräume aufrechtzuerhalten. Obwohl die Philosophie der „mehrfachen Nutzung“ solche Tätigkeiten wie Weiden und Holzrodung in den Schutzgebieten erlaubt (manchmal ein bißchen zuviel), ist das Wohlergehen der Wildtiere in den Schutzgebieten das oberste Gebot. Es gibt über das ganze Land verstreut fast 400 Schutzgebiete, und ein Schwerpunkt liegt dabei in der Erhaltung von Feuchtgebieten – und Enten –, die eine Folge deren Existenz sind.

Immer mehr werden die nationalen Schutzgebiete – neben vergleichbaren staatlichen Zufluchtsgebieten und einer handvoll privater Einrichtungen – zu den einzig intakten Lebensräumen, die für die Enten übrigbleiben, besonders als Winterquartiere. Die Entwicklung an den Küsten und die Zerstörung der Flußläufe durch Trockenlegung und Eindämmung hat Hunderttausende Hektar einst besten Lebensraumes zerstört und zwängt immer mehr Vögel auf immer kleiner werdenden Nischen unberührten Feuchtlandes zusammen. Diese Verdichtung führt zu mehr Konkurrenz um Nahrung, zu mehr Streß und zu einer höheren Krankheitsrate.

Die National Wildlife Refuges schützen hauptsächlich Winterquartiere, da die Brutgebiete in Kanada außerhalb des Einflußbereiches der US-Regierung liegen. Aber aus der gleichen Verzweiflung, aus der das Entenmarken-Konzept entstanden ist, entstand auch „Ducks Unlimited“, eine private Gruppe, die 1937 von aufgeklärten Wasservogeljägern gegründet wurde und sich zum Ziel gesetzt hat, die Entenpopulation wieder herzustellen. Seit ihrem Beginn hat sich „DU“ einen Namen gemacht, indem sie von Wasservogeljägern, hauptsächlich in den USA, Geld sammelte und es spendete, um Brutfeuchtgebiete in Kanada zu schützen und zu vergrößern; in den letzten Jahren hat diese Organisation ihren Wirkungskreis ausgedehnt und Projekte zum Schutz von Lebensraum in den USA und in Mexiko, wo viele Enten überwintern, ins Leben gerufen. Da DU eine private Organisation ist, kann sie ihr Geld auch über die Grenzen der Vereinigten Staaten hinaus spenden und hat so mehr Handlungsspielraum als die Regierung.

Indem sie die gleichen Einrichtungen zur Wasserregulierung benutzen, die damals eingesetzt wurden, um das Land zum Akkerbau trockenzulegen, regeneriert Ducks Unlimited die Sümpfe und Moore und schafft ideale Brutlebensräume sowohl für Enten als auch für unzählige andere Vögel, Säugetiere, Reptilien, Amphibien und auch für Pflanzen, die auf die Feuchtgebiete angewiesen sind. Nichtsdestotrotz helfen diese Schutzgebiete, DU-Projekte und andere Wasservögelzufluchtsgebiete nur zu einem Teil den Enten, die auf dem Kontinent leben. Die meisten sind auf Privatland errichtet und verfolgen außer der Erhaltung der Vögel auch noch andere Ziele, woraus sich für die Enten einige Probleme ergeben.

Ackerbau war in den letzten Jahren der größte Stein des Anstoßes. In der Gletschertopfregion, die sich über mehr als 750 000 Quadratkilometer von Iowa bis Manitoba erstreckt und in der es einst an die 25 Millionen Weiher und Sümpfe gab, hat Ackerbau einen verheerenden Einfluß auf die Feuchtgebiete gehabt. Nach manchen Schätzungen wurden nahezu 70% dieser Gletschertopfregion in Kanada zerstört, und im oberen Mittelwesten war die Verwüstung noch schlimmer. Sogar in Dakota, wo die meisten dieser Gletscherfeuchtgebiete erhalten geblieben sind, hat sich die Lage verschlechtert, da diese Wasserflächen von Getreideanbau, intensiver Viehzucht und Brandrodung umgeben sind.

Für eine Ente ist die Umgebung im diesen Regionen genauso wichtig wie das Wasser selbst und essentiell zum Nisten und Brüten. Wird dieses Umfeld verändert, werden die Enten zu einem leichten Opfer für Feinde; wenn aus den Eiern überhaupt Küken schlüpfen, haben sie ein hartes Leben vor sich, bis sie erwachsen sind. Biologen wissen, daß mindestens 20% aller Gelege erfolgreich ausgebrütet werden müssen, um eine Population aufrechtzuerhalten. Aber in diesen geknechteten und geschändeten Gletschertopfregionen erreicht die Anzahl erfolgreich bebrüteter Nester kaum 10 %.

Durch die lange Geschichte des Ackerbaus, als mit den Feuchtgebieten Mißbrauch getrieben wurde, wurde die Gletschertopfregion für ihren Untergang vorbereitet. Er kam in den achtziger Jahren dieses Jahrhunderts in Form einer lang anhaltenden Dürre.

Dürre ist in den Prairien nichts Neues; ein Grund, daß Enten so große Gelege bilden, ist, daß sie sich schnell von solchen Naturkatastrophen erholen, wie es nach der Dürre in den Sechzigern geschehen ist. Aber die Dürre der Achtziger war anders – doch nicht die Natur, sondern die Menschheit war anders. Da schon so viele Sümpfe und Seen trockengelegt und nutzlos waren, fanden Millionen von Enten keinen Platz, um zu brüten. Die Entenweibchen drängten sich auf den wenigen Oasen, die noch Wasser boten, und das lockte natürlich auch die Feinde an. In vielen Gebieten gab es jahrelang nahezu keinen Bruterfolg. Das zog der Entenpopulation Nordamerikas den Boden unter den Füßen weg. Von 100 Millionen Enten in den Jahren zwischen 1950 und 1960 schrumpfte sie auf weniger als 62 Millionen Mitte der achtziger Jahre zusammen.

Der Zusammenbruch wirkte sich aber offensichtlich nicht auf alle Arten und auf alle Gebiete gleich aus. Von der unerklärlichen Abnahme der Dunkelente abgesehen, blieb die Zahl der Wasservögel im Osten konstant, genauso wie die Populationen in Alaska und am Yukon, einem ausgesprochen fruchtbaren Gebiet. Aber im Landesinneren schaute es finster aus; die Zahl der Spießenten und der Blauflügelenten – die schon immer sehr begrenzt war – der Stockenten, Rotkopfenten und anderer Tauchenten nahm immer mehr ab.

Die Wildbehörde reagierte darauf, indem sie die Jagd einschränkte, die zum ersten Mal die Brutbestände auszulöschen drohte. Abschußzeiten und -grenzen wurden mehrmals eingeschränkt, und unter vielen Jägern wurden Rufe laut, den Abschuß völlig einzustellen. Die Jäger wurden von Gruppen, die sich die Rettung der Enten zur Aufgabe gemacht hatten, aufgerufen, freiwillig auf die Entenjagd zu verzichten oder ihren Abschuß nur auf Erpel zu begrenzen und so die Hennen in Ruhe brüten zu lassen. Glücklicherweise hielten sich viele daran.

Aber als die Dürre vorüber war, erholten sich die Enten nicht so wie erwartet. Zu viele Lebensräume waren verlorengegangen, und in manchen Fällen war die Brutpopulation zu gering, um sich rasch wieder zu erholen. Nach Meinung vieler Experten muß in bezug auf den Wert eines Landes ein gewaltiges Umdenken stattfinden, weg von der Philosophie, die Feuchtgebiete als nutzlos ansieht, und hin zu der Erkenntnis ihres ökonomischen und ökologischen Wertes, bevor die Entenpopulation wieder ihr ursprüngliches Niveau erreicht.

In den letzten Jahren hat sich die Aufmerksamkeit hauptsächlich auf die Brutgebiete gerichtet, aber mittlerweile steigt das Interesse an den Winterquartieren vieler Enten. Louisiana zum Beispiel hat eine der dichtesten Populationen überwinternder Wasservögel der Vereinigten Staaten. Zu verdanken ist dies dem Becken- und Deltasystem des Mississippi, dem fast ein Viertel aller Feuchtgebiete, die in den USA noch übriggeblieben sind, zuzurechnen ist. Seit Jahrhunderten nimmt der große Fluß Sediment aus dem Inneren des Kontinents mit, lagert es entlang des Deltas ab und bildet so langsam das Marschland. Viele Veränderungen im Umgang mit dem Mississippi – Hochwasserschutz, Erosionsmessungen an Seitenflüssen und vielleicht das Schlimmste, ein Schiffahrtskanal, der die Hauptflut am Delta vorbei in den Golf leitet – haben den Marschen ihren Nachschub an Schlamm genommen.

Zusammen mit einem Anstieg des Wasserspiegels am Golf werden vom Louisiana-Delta jährlich etwa 150 Quadratkilometer abgeschwemmt. Die Vernichtung geht dabei weit über die Enten hinaus und wirkt sich natürlich auch auf Hunderte Vogel-, Säuger- und Pflanzenarten aus, die zum natürlichen Küstenleben dazugehören. Solange das Sediment nicht wieder dahin umgeleitet wird, wo es hingehört – nämlich ins Delta – wird eines der lebenswichtigsten Überwinterungsgebiete Nordamerikas bald nur noch in unserer Erinnerung existieren.

Eines der gravierendsten (und unerklärlichsten) Entenprobleme ist der stetige Rückgang der Dunkelente. Die Dunkelente, einst der unumstrittene König der Atlantikflugroute, war von Vogelliebhabern wegen ihrer Schnelligkeit, ihrer Wendigkeit und am meisten wegen ihrer Klugheit verehrt worden – die scharfsinnigste, wachsamste und wildeste aller Enten, wie ein Schriftsteller diese Art beschrieb. Ein Jäger, der ihren Ruf gut nachahmen konnte, war hoch angesehen unter seinen Kollegen. Nur im Nordosten brütet die Dunkelente, von der Hudson Bay bis nach Neufundland und südlich bis nach Chesapeake. Sie überwintert etwa in der gleichen Region, weicht aber den extremen Bedingungen dieser nördlichen Region aus und zieht sich dann bis nach Arkansas und South Carolina zurück. Den Winter verbringen die Dunkelenten häufig im Wattgebiet der mittleren Atlantikküste, wo Dunkelentenjagd fast religiösen Stellenwert hatte. Über Gererationen bildeten Dunkelenten den Großteil der Enten, die nach Osten zogen. Sie kamen aus den unberührten Wäldern Kanadas und hatten ihre Brutgebiete weit außerhalb des Einflusses menschlicher Zerstörung. Jagdbeschränkungen (und die angeborene Vorsicht dieser Art) hielten die Wintersterblichkeit innerhalb der Grenzen, die eine Art verkraften kann.

Aber in den sechziger Jahren wurde offensichtlich, daß irgend etwas mit der Dunkelente nicht stimmte. Der Herbstflug ließ Jahr für Jahr nach, und der Rückgang beschleunigte sich in den späten Siebzigern und frühen Achtzigern; 1982 zum Beispiel hatte der Rückgang der Dunkelente in Maine alarmierende 75% erreicht.

Niemand kann die Schuld auf den anderen schieben, obwohl es eine Reihe suspekter Gründe gibt. Das Verbreitungsgebiet der Dunkelenten stimmt fast vollständig mit dem Gebiet überein, in dem sich die Auswirkungen des sauren Regens spürbar machen. Wenn sich auch die Senkung des pH-Wertes in den Teichen und Seen nicht unmittelbar auf die Enten auswirkt, so führt die Versauerung doch zu einem Verlust an pflanzlichem Leben und an Insekten, so daß Dunkelenten, die an solchen Seen nisten, ihre Jungen vor ihren Augen verhungern sehen.

Außerdem sind die unberührten Wälder im Norden nicht so unberührt, wie sie sein sollten. Schon lange ist der Holzabbau in diesen Wäldern ein bedeutender Industriezweig, und diese Entwicklung hat auch merklich auf Neuengland und Südkanada übergegriffen. Auch das Versprühen von Chemikalien zur Borkenkäferbekämpfung ist ein Teil des Dunkelentenproblems. Die Enten reagieren außerdem sehr empfindlich auf Störungen, und viele verlassen traditionelle Brutgebiete, wenn der Einfluß des Menschen zu groß wird.

Unglücklicherweise hat der Mensch durch die Öffnung der Wälder den Weg für die Stockente gebahnt. Die anpassungsfähigste Ente der Welt, die Stockente, hat diese Gelegenheit nicht ausgelassen und in den letzten Jahrzehnten ihr Territorium nach Nordosten ausgebreitet, mitten hinein in ein Gebiet, das bisher einzig und allein der Dunkelente vorbehalten war. Biologen befürchten, daß die aggressive Stockente die immer seltener werdende Dunkelente buchstäblich überflutet; die beiden sind einander genetisch sehr ähnlich und kreuzen sich mit erschreckender

Leichtigkeit. Als die Zahl der Dunkelenten immer mehr abnahm und die der Stockenten immer mehr zunahm, vermischten sich die Dunkelenten immer häufiger mit ihren gemeinen Verwandten und verstärkten so das Problem.

Restriktive Jagdbestimmungen, die die Abschußgrenzen senkten und die Schonzeiten verlängerten, änderten die Sachlage augenblicklich, da man annahm, daß Überjagung auch ein entscheidender Grund für ihren Rückgang sei; aber Biologen befürchten, daß es nur wenig gibt, was Menschen tun können, um die Dunkelenten zu schützen. Es könnte helfen, das Vordringen der Stockenten in den Lebensraum der Dunkelente zu stoppen oder die explodierende Zahl der Schneegänse auf der Atlantikfluglinie zu reduzieren (die mit den Dunkelenten um Futter und Wintergebiete an der Küste konkurrieren), aber selbst dann ist nicht sicher, daß die Dunkelente die gleiche Renaissance erlebt wie die Brautente, deren Geschichte ein glückliches Ende fand.

Es ist unumstritten, daß der Erpel der Brautente, bunt wie ein Regenbogen, einer der hübschesten Vögel ist. Sein Kopf glänzt metallisch grün und geht in eine lange, weiß gestreifte Federhaube über; seine Brust ist kastanienfarben; seine Flanken sind gelbbraun gewellt, und sein Rücken schillert blau und bronzefarben. Sogar seine Augen stechen als blutroter Fleck hervor.

Woodies, wie sie in Nordamerika liebevoll genannt werden (Wood Duck), waren ursprünglich die häufigsten Enten auf der Atlantik-Fluglinie. Wie schon ihr Name (Wood Duck) sagt, leben sie an waldumgebenen Flüssen und Seen und meiden offenes Marschland zugunsten von Biberteichen oder überfluteten Wäldern, wo sie nach Eicheln, Samen und Wasserinsekten suchen. Sie sind Höhlenbrüter und deshalb auf Spechtlöcher, Eichhörnchenbaue oder andere natürliche Höhlen angewiesen, wie sie gewöhnlich bei älteren Bäunen auftreten.

Als im 19. Jahrhundert die Welle der Industrialisierung über den Nordosten schwappte, waren diese alten Bäume, die in den zugänglichen Flußtälern wuchsen, die ersten, die gefällt wurden. Noch dazu kam, daß die Brautente nicht so findig war wie die Dunkel- oder die Stockente und sich leichter fangen ließ. Da sie gut schmeckte und wegen ihrer Federn sehr begehrt war (diese wurden, wie auch heute noch, dazu benutzt, um daraus elegante Forellenköder zu machen), wurde die Brautente pausenlos gejagt. Am Anfang des 20. Jahrhunderts stand sie am Rande der Ausrottung. Das Abkommen zum Schutz der Zugvögel kam gerade noch rechtzeitig. Brautenten standen bis 1941 unter absolutem Schutz; erst danach wurde wieder eine begrenzte Anzahl zum Abschuß freigegeben.

Der Weg zurück ins Leben war nicht ohne Hindernisse. Im Jahre 1938 fegte ein gewaltiger Hurrican über den Nordosten und fällte viele der noch verbliebenen Nistbäume, so daß die Brautenten wieder das Nachsehen hatten. Aber zu dieser Zeit hatten Wildhüter entdeckt, daß Brautenten auch künstliche Nistkästen annahmen, wenn sie in der passenden Umgebung ausgebracht wurden. Die neuen Behausungen waren der Hit, und im Lauf der Jahre wurden Millionen solcher Kästen von Tierschutzverbänden, Sportclubs, Vogelschutzorganisationen und privaten Landbesitzern gebaut und mit erstaunlichen Ergebnissen aufgestellt. Da die Brautenten viel weniger territorial sind, nisteten sie sogar in sogenannten „Apartment-Boxen" und verdoppelten oder vervierfachten die Brutpopulation – und da die Nistkästen an Stellen ausgebracht werden konnten, wo sie vor Verfolgern sicher waren, war der Nisterfolg substantiell höher als in der freien Wildbahn. Als Ergebnis ist die Brautente im Osten wieder weit verbreitet und erfreut Vogelfreunde und Jäger gleichermaßen.

Ein ähnliches Programm könnte vielleicht auch der Mandarinente helfen, einer asiatischen Art, die noch schöner ist als die Brautente. Mandarin- und Brautente sind offensichtlich nahe verwandt; die Weibchen sind nahezu identisch und paaren sich mit Erpeln beider Arten; die Erpel der Mandarinente sind noch extravaganter gefiedert, mit purpurbraunen Backenfedern und orangefarbenen Segelfedern.

Wie die Brautenten nisten die Mandarinenten in hohlen Bäumen in China bis zum sowjetischen Fernen Osten. Aber auch dort haben moderne Waldwirtschaft und die Rodung hauptsächlich alter Bäume die Zahl der in Frage kommenden Nistbäume stark reduziert, und die Zahl in freier Wildbahn vorkommender Mandarinenten nimmt stark ab. Glücklicherweise ist sie seit über einem Jahrhundert der Favorit für Liebhaber exotischer Vögel und Zoodirektoren und ist in Parks und privaten Sammlungen weit verbreitet; sie wurde auch in Großbritanniens Tierreich eingebürgert und ist dort ziemlich häufig.

Der Mensch kann die schlimmsten Auswirkungen auf die Natur hervorrufen, Enten eingeschlossen, aber es ist ein zweischneidiges Schwert, und für einige Arten kann das Ergebnis auch positiv sein. In Großbritannien hat der Bau von Stauseen zur Stromerzeugung große Wasserflächen geschaffen, und zwar in Gebieten, denen es an natürlichen Seen mangelte. Diese wiederum zogen Reiherenten an, nahe Verwandte der Bergente.

Bis 1849 als Brutvogel in Britannien unbekannt, ist die Reiherente heute eine der häufigsten Tauchenten der Insel, die entlang dieser Wasserspeicher, an aufgelassenen Kiesgruben und manchen Parkseen brütet. Einen weiteren Vorteil brachte der Reiherente die versehentliche Einschleppung der Zebramuschel, einer asiatischen Muschel, die in vielen Seen verbreitet ist und die Enten mit Nahrung versorgt. Interessanterweise ist die Zebramuschel jetzt auch in den Großen Seen zu Hause; Biologen befürchten, daß sie dort einheimische Arten verdrängt, aber ihr direkter Einfluß auf die Wasservögel ist unbekannt.

Die Erhaltung der Natur scheint ein endloser Kampf zu sein, und die Erhaltung von Enten macht dabei keine Ausnahme. Wenn auch die letzten Jahre des 20. Jahrhunderts nicht unbedingt die besten für die Enten waren, so versprechen sie doch eine bessere Zukunft. Mit dem Erwachen eines Umweltbewußtseins haben die Menschen begonnen, den Wert der Feuchtgebiete und all ihrer Geschöpfe, die davon abhängig sind, zu erkennen. Jetzt sind es nicht nur die Stimmen der Vogelkundler und Jäger, die zur Erhaltung der Sümpfe, Feuchtgebiete und Moore aufrufen – Ingenieure haben deren Wert zur Vermeidung von Hochwasser erkannt und Landwirte als Wasserspeicher für trockene Zeiten. Stadtverwaltungen, die einst umliegende Feuchtgebiete als Deponien mißbraucht haben, erkennen jetzt deren Wert als natürliche Filter ihres belasteten Abwassers. Eine Zahl kleinerer Gemeinden ging sogar soweit, neben ihren Feldern künstliche Sümpfe anzulegen. Sie schufen somit neuen Lebensraum für Enten.

Letztendlich ist alles nur eine Frage des guten Willens. Die Probleme, die unsere Enten angehen, sind nicht unüberwindbar, aber sie bedürfen der vereinten Anstrengung von Sportlern, Vogelkundlern, Landwirten und der gesamten Öffentlichkeit. Alles kostet seinen Preis, aber wie unbezahlbar ist doch der Anblick eines Brautentenerpels, der im weichen Abendlicht sein Gefieder putzt, oder einer Schar von Riesentafelenten, die im Morgengrauen über den Himmen zieht! Wildenten, mit ihrer Grazie, ihrer Schönheit und ihrer Freiheit, die sie unserem Geist verleihen, sie sind königlich – und wir sollten alles tun, damit dies so bleibt.

Schwimmenten

Vorhergehende Seite: In den Stunden kurz vor Sonnenuntergang legt ein einzelnes Spießentenweibchen eine Pause im Bebrüten des Geleges ein; ihr Nest ist am nahen Ufer versteckt. Ihr Partner hat sie bereits verlassen, um sich während der Mauser mit anderen Erpeln an einem bestimmten Abschnitt des Sumpfgebietes zusammenzuschließen.
Oben: Die kraftvollen Flügel der Stockente haben sie zu einer der am weitesten verbreiteten Enten gemacht. Diese durch ihren dunkelgrünen Kopf allgemein bekannte Art nistet in einem Brutgürtel quer über Nordamerika und Eurasien.
Rechts: Sobald ein Mensch auftaucht, ein lautes Geräusch oder eine andere plötzliche Störung erfolgt, erheben sich die Stockenten in die Luft. Im Gegensatz zu den schwereren Tauchenten können sie direkt in den Flug übergehen; Tauchenten müssen zuvor schnell über das Wasser paddeln, um genügend Auftrieb zu bekommen.

Aufmerksam steht ein Stockentenweibchen über seiner Brut und hält Wache. Während der zwei Monate zwischen dem Verlassen des Nestes und der Zeit, wo sie für sich selbst sorgen können, lauern eine Menge Gefahren auf die flaumigen Jungvögel.

Das glänzende Gefieder eines Stockentenerpels ist ein kleiner Hinweis darauf, daß diese Art der Vorfahre der weißen Peking-Ente ist, des Nutzvogels, der als erster vor Tausenden von Jahren von den Chinesen domestiziert wurde.

Mit eingetauchtem Schnabel kann ein Stockentenweibchen umherschauen, während es trinkt oder frißt. Wie für Schwimmenten typisch, besitzen Stockenten Filter entlang ihrer Schnabelränder, um winzige Wassertierchen aus dem Wasser zu seihen.
Unten: Diese Schwimmenten gehen mit dem Kopf unter Wasser, um Wasserpflanzen, die unter der Oberfläche wachsen, zu erreichen. Schwimmenten haben längere Hälse als Tauchenten und sind somit an diese Freßmethode gut angepaßt.
Rechte Seite: Das Balzen der Stockenten kann in der freien Natur den ganzen Winter über beobachtet werden. Die Paare bleiben bis zum Frühsommer zusammen, wobei das Männchen jede Ente, die sich seinem Weibchen zu nähern versucht, vertreibt.

Vorhergehende Doppelseite: Mit einem einzigen Stoß erhebt sich ein Spießentenmännchen in die Lüfte. Es ist mit seinem braunen Kopf und dem schlanken, weißen Hals leicht zu erkennen.
Oben: Obgleich die Farben des Spießentenweibchens nicht so kräfig sind wie die des Männchens, besitzt es den gleichen, schlanken Hals; der Mutter folgen die frisch geschlüpften Entenküken dicht hinterher.
Rechts: Drei Spießenten kreisen über der felsigen Landschaft von Alaska; sie kehren gerade aus ihren Winterquartieren zurück, die zum Teil bis nach Mexiko hinabreichen. Mit Zwischenstopps kann so eine Reise bis zu drei Monaten lang dauern.

Eine der anmutigsten und wahrscheinlich auch zahlreichsten aller Schwimmenten ist die Spießente. Es gibt über sechs Millionen allein in Nordamerika und nochmals etliche Millionen in Europa und Asien.

Mit nur einer Andeutung des komplizierten Farbmusters, das sie bald tragen wird, beendet diese Spießente ihre Mauser im Hochsommer. Während dieser Zeit fallen ihr die Federn aus und wachsen komplett neu. Der kurzzeitige Verlust des Flügelgefieders macht die Spießente für einige Wochen flugunfähig.

Linke Seite: Ein frisch vermähltes Spießentenpaar im Winterrevier. Das Männchen hat den Kopf leicht angehoben, es ist für den Kampf gerüstet, falls es irgend ein Rivale auszustechen versucht. *Oben:* Der lange, breite Schnabel der Löffelente, unterscheidet sie von den anderen Enten Nordamerikas. Das neue Gefieder dieses Weibchens zeigt an, daß es seine Sommermauser abgeschlossen hat und nun bereit ist, die lange Reise in den Süden anzutreten. *Unten:* Diese Löffelente hat gerade erst mit der Mauser begonnen. Während der Mauser wird das graue, triste Gefieder durch leuchtend farbige Federn ersetzt.

Indem sie Wasser in den vorderen Teil ihres Schnabels einzieht, filtert eine Löffelente Körner und Wasserinsekten heraus. Das durchgeseihte Wasser fließt seitlich aus ihrem Schnabel. Alle Schwimmenten fressen so, aber die Löffelente ist am besten an diese Methode angepaßt. *Unten:* Trotz ihres charakteristischen Schnabels sind Löffelenten nahe mit der Blauflügelente verwandt, wie der blaßblaue Fleck auf den ausgestreckten Flügeln dieses Löffelentenweibchens zeigt.

Dieses Löffelentenmännchen hat seine Sommermauser schon fast vollständig hinter sich. Der grüne Kopf und die kastanienbraunen Flanken seines Hochzeitsgefieders sind gut sichtbar, aber es trägt noch ein paar der braungestreiften Federn seines Schlichtkleides.

Linke Seite: Bei ihrer neuerlichen Ankunft in den Brutgebieten im südöstlichen Alaska hat sich diese Löffelente mit dem scheinbar gelbglühenden Auge im flachen Wasser zwischen zahlreichen Wasserpflanzen niedergelassen.
Oben: Mit ausgestreckten Flügeln und nach vorne gehaltenem Hals landet eine Löffelente auf dem Wasser.

Die Zimtente, *Anas cyanoptera,* bewohnt flache Teiche in Bergregionen und offenem Gelände. Sie ernährt sich von Körnern, Pflanzenstielen, Insekten und Weichtieren.

Links: Anders als die meisten Schwimmenten, die sich im Herbst zur Paarbildung zusammenfinden, „heiraten" Zimtenten erst im Frühjahr. Das Männchen erwirbt seine Prachtfarben frühestens zum Ende des Winters, also erst Monate nachdem andere Schwimmentenmännchen schon längst ihr Schlichtkleid abgelegt haben.

Rechte Seite: Bei Sonnenaufgang an einem von Sumpfgras umgebenen See wird die Wasseroberfläche nur von leichtem Wellengang bewegt. Bald wird der Winter hereinbrechen, und die Enten, die hier Nahrung gefunden haben, werden gen Süden in wärmere Klimazonen ziehen.

Dieses Zimtentenmännchen hat seinen Schnabel weit unter das Gefieder gesteckt – ein Zeichen dafür, daß es bald einschlafen wird. Dennoch bleibt sein rotes Auge weit geöffnet. Das leiseste Geräusch weckt es, und nach seinem aufmerksamen Ausdruck zu schließen, wurde es gerade aus einem Schläfchen gerissen.

Die Krickente, Anas crecca, ist die kleinste und wahrscheinlich auch die schnellste unter den Schwimmenten.
Unten: Krickenten wechseln geschwind zwischen verschiedenen Nahrungshabitaten, von Frischwasserteichen bis hin zu Hochlandwäldern, wo sie zwischen den Bäumen nach Eicheln suchen.

Das Nest einer Blauflügelente ist typisch für Schwimmenten: Es ist ein Bettchen aus weichen Daunenfedern von der Brust des Weibchens und enthält ein Gelege von bis zu 15 cremefarbenen Eiern.
Rechts: Viele Enten und andere Wasservögel fallen wegen ihrer keil- oder bogenförmigen Flugformation auf, aber auf kurzen Flügen bilden sie oft einen ungeordneten Haufen.

Blauflügelenten mögen schilfige Teiche und sitzen gerne auf Baumstämmen, die ins Wasser gekippt sind. Wie die Zimtente beginnen sie mit der Paarbildung nicht vor Ende des Winters, aber ihre Partnerschaft ist sehr beständig, und die Eier sind meist schon längst ausgebrütet, bevor das Männchen schließlich sein Weibchen verläßt.

Mit seinem weichen grauen Kopf und dem kräftigen weißen Halbmond vor jedem Auge ist der Blauflügelerpel eine der elegantesten Enten. Sie unterscheiden sich im Aussehen stark von den Zimtentenmännchen, aber die Weibchen der beiden Arten sind meist nicht auseinanderzuhalten.

Die Baikalente, *Anas formosa,* nach dem Baikalsee in Sibirien benannt, ist eine asiatische Art, die gelegentlich nach Alaska und an die Westküste Amerikas sowie nach Nordeuropa zieht. Ihr nächster Verwandter unter den nordamerikanischen Enten ist die Krickente.
Rechts: Eine im gesamten Osten Nordamerikas weit verbreitete Pflanze ist das in flachen Teichen vorkommende Pfeilkraut, das im Sommer und Frühherbst blauviolette Blüten besitzt. Aus diesen Blüten entwickeln sich kleine Früchte, die jeweils ein einziges Samenkorn enthalten; diese sind für viele Enten eine begehrte Nahrung.

Die Baikalente wurde dadurch berühmt, daß sie die Pazifik-Küste von Nordamerika erreichen konnte; aber bei Vögeln, die in den östlichen Staaten von New Jersey, North Carolina, Ohio und Pennsylvania aufgetaucht sind, vermutet man, daß sie aus der Gefangenschaft ausgebrochen sind.

Obwohl die Schnatterente selten in großer Anzahl zu sehen ist, gibt es wohl über eine Million Exemplare in Nordamerika und ganz Eurasien. Beide Populationen bleiben meist ausschließlich am Süßwasser und bevorzugen ruhige Teiche und Sümpfe zum Nisten und zur Jungenaufzucht. *Unten:* Wie andere Enten auch, begleiten Schnatterentenweibchen ihre Jungen nach dem Ausschlüpfen so lange, bis sie alt genug sind, um zu fliegen. Junge Schnatterenten müssen manchmal lange Wege über Land zurücklegen, weil die Weibchen ihre Nester weitab vom Ufer bauen.

Vorhergehende Doppelseite: Bei den meisten Schwimmenten verläßt das Männchen sein Weibchen und beginnt sich zu mausern, während sie die Eier ausbrütet. Bei Schnatterenten jedoch bleiben die Pärchen manchmal noch zusammen, auch wenn beim Erpel bereits die Mauser begonnen hat. *Eingefügtes Bild:* Schnatterenten mögen flaches Wasser mit viel Vegetation und verstecken sich oft zwischen den Pflanzen.

Oben: Zwar ist ein Schnatterentenmännchen nicht so eindrucksvoll gemustert wie andere Enten, doch nichtsdestotrotz ist es ein recht eleganter Vogel mit weichen, grauen Flanken, einem sandfarbenen Kopf und einem schwarzen Schwanz.

Rechte Seite: Ein anderer Name für die Amerikanische Pfeifente, Anas americana, ist „Glatzkopf"; er wurde ihr aufgrund der weißen Flecken, die die Männchen am Kopf tragen, gegeben. Sie ist eine außergewöhnliche Schwimmente, da sie ihre Futterpflanzen hauptsächlich den Tauchenten und anderen entenähnlichen Vögeln stiehlt.

Die (Europäische) Pfeifente, Anas penelope, ist gelegentlicher Gast in den meisten Teilen Nordamerikas. Wie ihre amerikanischen Verwandten frißt sie während des Schwimmens, beraubt aber auch andere Vögel ihrer Pflanzen, die diese nach einem Tauchgang mit an die Wasseroberfläche gebracht haben.

Die Dunkelente, Anas rubripes, ähnelt der Stockente, nur ist sie etwas dunkler gefärbt, und die Beine der erwachsenen Männchen sind rot oder orange.

Unten: Dunkelenten gibt es nur in Nordamerika, wo sie ihr Futter während des Schwimmens, beim Herumwaten und durch Abgrasen an Land sammeln.

Männchen und Weibchen der Dunkelente sehen fast gleich aus; nur aufgrund ihrer verschieden gefärbten Schnäbel ist eine Unterscheidung möglich: Der des Weibchens ist olivgrün, das Männchen besitzt einen gelben.
Folgende Doppelseite: Wenn sich das Sumpfgras im Herbst golden färbt, ist das ein Zeichen dafür, daß eine Menge Samenkörner in das flache Wasser gefallen sind und der Teich nun eine gute Futterstätte für viele Entenarten bietet.

Buchtenbewohnende Enten

Vorhergehende Doppelseite: Der Gänsesäger, Mergus merganser, hat einen langen, schmalen Schnabel, der einem anderen Zweck dient als der breite und flache Schnabel der meisten übrigen Enten. Gänsesäger sind nämlich Tauchenten, die Fische fangen und ihre glitschige Beute zwischen den scharfen Zähnchen entlang der Schnabelkanten festhalten.
Links: Ein frisch geschlüpfter Gänsesäger kuschelt sich in das Gefieder seiner Mutter. Er hat ein kompliziertes Streifenmuster am Kopf und besitzt schon den langen, gezähnten Schnabel, den er zum Fischefangen braucht, sobald er erwachsen wird.
Unten: Anders als das Weibchen, das einen rostfarbenen Kopf mit einer zerzausten Haube besitzt, hat das Gänsesägermännchen einen grünen Kopf, auf dem man die Haube kaum sieht. Der lange rote Schnabel, die leuchtend weiße Brust und Flanken machen diesen Bewohner der Seen und großen Flüsse leicht von der Stockente unterscheidbar, die ebenfalls einen grünen Kopf hat.
Rechte Seite: Ein Gänsesägerweibchen, das sich gerade eine Pause vom Fischfang gönnt, zeigt seinen schlanken Körper und die kraftvollen Füße, die ihm Geschwindigkeit und Wendigkeit bei der Unterwasserjagd verleihen.

Vorhergehende Doppelseite: Ein Mittelsägerweibchen, *Mergus serrator*, schlägt im Stand mit den Flügeln. Sein Schnabel ist schlanker, und sein Kopf hat einen matteren Rostton als der des Gänsesägerweibchens. Mittelsäger überwintern meist ausschließlich im Salzwasser, gelegentlich sogar bis außer Sichtweite vom Land entfernt. *Eingefügtes Bild:* Die Brust des Mittelsägermännchens ist nicht wirklich rot, wie es der englische Name Red-breasted Merganser sagt; sie ist blaß rostbraun mit schwarzen Streifen. Während des Sommers nisten diese im Salzwasser fischenden Enten an Seen und Flüssen nahe der arktischen Tundra.
Oben: Der Kappensäger, Mergus cucullatus, bewohnt bewaldete Seen und Flüsse. Er ist kleiner als die anderen Säger und erbeutet vor allem Elritzen, aber auch Wasserinsekten gehören zu seinem Speiseplan.

Die Haube dieses Kappensägerweibchens kann je nach Stimmung aufgestellt oder angelegt sein. Mit aufgestellter, fächerförmiger Haube wurde es anscheinend durch irgend etwas alarmiert oder aufgeregt. Es hat die Linse der Kamera entdeckt, starrt jetzt direkt hinein und ist darauf vorbereitet, jederzeit zu fliehen. *Unten:* Obwohl es nicht ganz davon überzeugt ist, daß keine Gefahr herrscht, hat es seinen Schnabel unter das Rückengefieder gesteckt und schickt sich an, seine wachsamen Augen zu schließen.

Dieser junge Kappensäger ist nach einem Tauchgang gerade wieder an die Oberfläche gekommen und hält einen kleinen Fisch, den er unter Wasser erbeutet hat.
Rechte Seite: Kappensäger verbringen fast den ganzen Winter in Schwärmen, die oft nach Geschlechtern getrennt sind. Diese beiden Erpel sind friedlich, was durch ihre anliegende Haube angezeigt wird. Wenn sich zum Ende des Winters Paare bilden, ändert sich das; dann werden die Hauben drohend aufgerichtet, sobald sich ein Männchen dem anderen nähert.

Mit vollständigem Prachtkleid ist der Kappensägererpel eine der schönsten Enten. Das erwachsene Männchen kann in jedem Gefieder an seinen goldgelben Augen erkannt werden. Da sie kleinere Fische bevorzugen, findet man Kappensäger häufiger in flachem Gewässer als andere Säger.
Rechte Seite: Mit steil aufgestellter Haube schlägt ein Kappensägermännchen beim Imponiergehabe mit den Flügeln. Obwohl eine hochgestellte Haube viele verschiedene Stimmungen anzeigen kann, fächern sie die Erpel selten in Anwesenheit ihrer Weibchen auf.

Sowohl die Veilchenente, *Aytha affinis*, als auch die oben abgebildete Bergente hat dunkle Augen bis sie erwachsen ist, die sich dann in gelb umfärben. Dieses junge Weibchen bekommt gerade die weißen Flecken um den Schnabel herum, was zusätzlich ein Zeichen der erwachsenen Tiere ist. *Unten:* Dieses Bergentenweibchen schwimmt friedlich an der Oberfläche, aber die Wassertropfen auf ihrem Gefieder verraten, daß es gerade einen Tauchgang nach Nahrung gemacht hat.

Ein Veilchenentenmännchen hat mit seinen scharfen, gelben Augen Beobachtungsposten auf dem Wasser bezogen und dabei seinen Schnabel in das Rückengefieder gesteckt. *Unten:* Der Erpel der Veilchenente hat einen leicht violettfarbenen Schimmer am Kopf, im Gegensatz zum grünen Kopf der Bergente; außerdem liegt der höchste Punkt am Hinterkopf. Bis auf diese Unterschiede sind die beiden Arten nicht leicht auseinanderzuhalten.

Der Herbst ist an einem sumpfigen Teich in New Hampshire hereingebrochen. Etliche Blätter der Rohrkolben im Vordergrund sind bereits braun geworden, und im ruhigen Wasser spiegeln sich die herbstlichen Farben des Ahorns am entfernten Ufer.

Oben: Ein Schellentenpärchen schwimmt friedlich über den See. Sobald das Weibchen eine passende Höhlung in einem Baum gefunden hat, polstert es diese mit Daunenfedern aus und legt etwa 15 zartgrüne Eier hinein.

Folgende Doppelseite: Nachdem die jungen Schellenten geschlüpft sind, müssen sie vom Nest ins Wasser heruntergelangen und ihrer Mutter zur Futtersuche folgen. Manchmal verweilt die Familie auf einem Baumstamm, bevor sie ihre Reise um den See herum fortsetzt.

Große Bestände an gesunden Rohrkolben sind ein gerne gesehener Anblick für alle Naturliebhaber. Es ist ein Zeichen naturbelassener Sumpfgebiete, die noch voller Wasserorganismen und den davon lebenden Vögeln sind.

Die Spatelente, *Bucephala islandica*, ist wesentlich seltener als die Schellente und nistet nur in den Rocky Mountains, entlang der Küste von Labrador und in Island. Es gibt weniger als 200 000 Exemplare dieser Vogelart in Nordamerika, während die Schellente mehr als eine Million Vertreter hat. *Unten:* Das Spatelentenmännchen hat einen weißen Halbmond vor seinem Auge anstatt des kreisförmigen Flecks der Schellente und ist außerdem am Rücken dunkler gefärbt als diese. Im Gegensatz zu ihren Verwandten sieht man sie selten in großen Schwärmen.

Die Büffelkopfente, *Bucephala albeola*, ist die kleinste Ente Nordamerikas. Sie sammelt sich selten zu Schwärmen, sondern ist normalerweise in kleinen Gruppen zu höchstens 12 Tieren zusammen. Wie ihre größeren Verwandten ist sie eine Tauchente, die während des Winters nach kleinen, marinen Tieren sucht und sich im Sommer von Insekten ernährt.

Das Weibchen der Büffelkopfente besitzt den gleichen überdimensional großen Kopf wie das Männchen, aber es trägt nur einen kleinen, weißen Punkt auf der Wange. Es nistet wie ihre weiblichen Verwandten in Baumhöhlen und muß seine Jungen dazu bringen, bis zu sechs Meter hinunter ins Wasser zu hüpfen.

Vorhergehende Doppelseite: Die Riesentafelente ist die große Verwandte der Berg- und der Veilchenente. Sie nistet an Teichen in der Prärie und überwintert an offenen Buchten und Seen mit reichlicher Vegetation. *Oben:* Riesentafelenten sind überwiegend Pflanzenfresser, aber sie fressen auch Insekten und gelegentlich Fische. *Unten:* Den Weibchen der Riesentafelente fehlen die kastanienbraunen, weißen und schwarzen Charakteristika der Erpel, aber ihre Schnäbel weisen die gleiche Profilneigung auf. Riesentafelenten bilden am Ende des Winters oder im Frühjahr Paare.

Ein Riesentafelentenmännchen erhebt sich mit kraftvoll schlagenden Schwingen aus dem Wasser. Wie die übrigen Tauchenten müssen Riesentafelenten über dem Wasser Anlauf nehmen, bevor sie starten können – aber einmal in der Luft, sind sie eine der schnellsten Entenarten Nordamerikas.

Wie die Riesentafelenten ziehen die Rotkopfenten, *Aytha americana*, ihre Brut hauptsächlich an Teichen und in Höhlen der Prärie des amerikanischen Mittelwestens auf, obgleich auch einige bis Alaska hinauf brüten.
Rechte Seite: Wenn die Rotkopfenten im Frühjahr an ihren Nistplätzen ankommen, haben sie sich bereits zu Paaren zusammmengefunden. Dieses Paar ist unzertrennlich, bis das Bebrüten der Eier beginnt; manche Männchen bleiben sogar bei ihren Partnerinnen, bis die Küken geschlüpft sind und die Familie sich auf Nahrungssuche begibt.

Meeresenten

Vorhergehende Doppelseite: Hinter diesem breiten Wattenmeer an der Küste von Oregon bricht sich die Brandung; im dahinterliegenden Wasser suchen Meeresenten scharenweise nach Nahrung. *Oben:* An den Ufern im Osten Kanadas und im Norden Neuenglands bauen die Eiderenten, *Somateria mollissima,* ihre Nester im Schutz des Waldes. Nachdem die Küken geschlüpft sind, tun sie sich mit anderen Jungtieren zusammen und schwimmen unter der Aufsicht mehrerer Weibchen davon. *Rechte Seite:* Die das Nest der Eiderenten auskleidenden Daunen sind dick und flauschig; deshalb werden sie schon seit Jahrhunderten gesammelt, um damit Mäntel zu füttern und Federbetten zu füllen. Echte Eiderdaunen werden nach wie vor gesammelt, weil kein synthetischer Stoff an ihr Isolationsvermögen heranreicht. *Folgende Doppelseite:* Eiderenten sind sehr groß und wirken im Flug schwerfällig und unbeholfen. Sie legen normalerweise keine langen Strecken zurück; sofern sie in den wärmeren Breitengraden leben, überwintern sie sogar häufig in der Nähe ihrer Brutgebiete. Die meisten Eiderdaunen auf dem Weltmarkt stammen aus Island; erfreulicherweise tolerieren die Vögel diesen Eingriff in ihre Privatsphäre und verlassen nur selten ihre Nester, nachdem man ihnen die Daunen weggenommen hat.

Form und Farbe der Schnabelschilder auf der Stirn männlicher Eiderenten sind verschieden, je nachdem aus welchem Gebiet der Vogel stammt. Die breiten, grünlichen Schnabelschilder, die man oben sieht, sind das Kennzeichen der im östlichen Kanada und nördlichen Neuengland nistenden Eiderenten.
Rechte Seite: Die spitzen, orangefarbenen Schnabelschilder dieses Erpels verraten, daß er aus dem hohen Norden stammt. Einige dieser arktischen Vögel ziehen bis zur Küste Neuenglands, wo sie sich unter die dort ansässigen Vögel mischen.

Obwohl Prachteiderenten, *Somateria spectabilis,* im Winter bis nach New Jersey herunter zu finden sind, brüten sie nur in der Arktis. Hier steht ein Pärchen, das gerade aus seinem Winterquartier zurückgekehrt ist, am Ufer eines Tundrateiches.

Unten: Mit seinen breiten, orangefarbenen Schnabelschildern und dem taubenblauen Hinterkopf und Nacken, ist der Prachteiderentenerpel wohl eine der schönsten Enten überhaupt. Prachteiderenten und Eiderenten mischen sich im Winter oft untereinander, aber der schwarze Rücken der Prachteiderenten ermöglicht eine leichte Unterscheidung.

Die Kragenente, *Histrionicus histrionicus,* findet man im Winter entlang felsiger Küsten mit starker Brandung. Während des Sommers lebt sie auf reißenden Gebirgsflüssen, wo sie in der schnellen Strömung nach Nahrung taucht. Dieses Weibchen macht gerade eine Verschnaufpause, nachdem es ein paar Stromschnellen überquert hat.

Die bizarren Muster aus Tupfen und Streifen, die das Männchen trägt, erinnern an das Aussehen eines Clowns. Deshalb heißt die Kragenente im Englischen auch „Harlekinente“. Dieser Name sollte aber nicht das Ansehen des widerstandsfähigen, kleinen Bewohners bewegter Gewässer schmälern.

Vorhergehende Doppelseite: Kragenenten sind nicht sehr gesellig und deshalb nur selten in Schwärmen zu sehen. Aber entlang der Felsküsten, wo diese Vögel den Winter verbringen, klettern oft kleine Gruppen aus der Brandungszone heraus und setzen sich zusammen auf die Felsen.
Oben: Die Eisente, *Clangula hyemalis,* ist eine echte Meeresente, die im Salzwasser bis zu 30 Meter tief tauchen kann. Aber wie alle Enten muß auch sie zum Brüten an Land gehen. Hier starrt ein Weibchen vom Nest aus, das unter einer arktischen Zwergweide versteckt ist, in die Kamera.

Das Eisentenmännchen ist die einzige nordamerikanische Ente, die im Laufe eines Jahres zwei auffallende, verschiedene Federkleider trägt. Im Sommer sind Kopf und Hals überwiegend schwarz gefärbt, wobei sich am Kopf noch weiße Flecken befinden; der Schnabel ist rosa und schwarz. *Unten:* Im Winter tragen Eisentenerpel ein prachtvolleres Gefieder. Es ist nun überwiegend weiß gefärbt. Dieser Erpel läuft noch mit den langen, spitzen Schwanzfedern herum, die er während des Sommers gehabt hat; der Schnabel bleibt rosa und schwarz.

Links: Die Samtente, *Melanitta fusca,* ist während des Winters die häufigste Ente ihrer Gattung an der amerikanischen Ostküste. Diese stämmigen Enten ziehen bis nach Carolina hinunter, wobei sie in langen Reihen dicht über den Wellen fliegen.
Oben: Die Trauerente, *Melanitta nigra,* ist nach ihrem vollkommen schwarzen Gefieder benannt. Eigentlich ist aber nur das Männchen schwarz gefärbt, bis auf eine glänzendgelbe Stelle am Schnabel, die ein bißchen Farbe ins Spiel bringt.

Unten: Die Brillenente, *Melanitta perspicillata,* ist die am weitesten verbreitete Ente ihrer Gattung an der Westküste Amerikas; sie überwintert von den Aleuten bis nach Nordmexiko. Die weißen Flecken am Kopf des Erpels haben ihr im Englischen auch den Namen „Skunkkopf" eingebracht.
Rechts: Der kräftige, leicht hakenförmige Schnabel der Samtente ist beim Tauchen nach Nahrung sehr praktisch. Bei einer Tauchtiefe von bis zu 12 Metern reißt diese kräftige Meeresente Miesmuscheln, Krebse und sogar Austern von den Felsen.
Folgende Doppelseite: Früh an einem Herbstmorgen steigt zarter Nebel von der Oberfläche eines Sumpfteiches auf. Solche Teiche stellen für die Enten lebenswichtige Zwischenstationen auf ihrem Weg in den Süden dar, wohin sie vor dem strengen Winter fliehen.

Frischwasserenten

Linke Seite: Ein Brautentenerpel, *Aix sponsa,* steht auf einem Baumstamm am Rande eines Waldteiches und putzt sich. Eicheln machen den Hauptanteil der Nahrung dieser eleganten Ente aus; falls er sie im seichten Wasser nicht finden kann, geht er auch an Land, um welche zu suchen.
Oben: Meist wird die Brautente als schönste Ente Nordamerikas angesehen; sie trägt kräftige Farben, die von metallisch-blau, grün und violett bis zart gelbbraun reichen, und ist durch ein gleichmäßiges Muster aus schwarzen und weißen Streifen gekennzeichnet.

Vorhergehende Doppelseite: Brautentenpaare bleiben länger als die meisten anderen Entenarten zusammen. Fast alle haben Ende Oktober ihren Partner gefunden und trennen sich nicht vor dem darauffolgenden Frühsommer von ihm. Obwohl sie nicht sehr gesellig sind und meist als einzelne Paare auftreten, brüten Brautenten häufig dicht nebeneinander an Teichen mit zahlreichen Baumhöhlen.

Oben: Brautentenweibchen besitzen nicht die leuchtenden Farben der Männchen. Sie tragen ein Federkleid aus zarten Grau- und Brauntönen und haben einen breiten, weißen Ring um die Augen herum.

Wenn ein Brautentenweibchen seine Flügel schwingt, werden noch weitere Farben sichtbar. Die inneren Flügelfedern glänzen blau wie die der Männchen; das Gefieder unterhalb der Flügel ist gleichmäßig schwarz und weiß gestreift.
Folgende Doppelseite: Die Herbstpfeifgans, *Dendrocygna autumnalis,* lebte ursprünglich nur an bewaldeten Teichen und in sumpfigen Wäldern entlang der mexikanischen Grenze, aber sie hat sich bis Argentinien hinunter ausgebreitet. Sie holt sich ihre Nahrung von Reisfeldern und überschwemmten Kornfeldern; die Ausdehnung der landwirtschaftlichen Flächen könnte dieser tropischen Ente genutzt haben.

Mit ihren langen Beinen, dem langen Hals und dem fast gänseartigen Schnabel haben Herbstpfeifgänse wenig Ähnlichkeit mit den meisten anderen Enten Nordamerikas. Zudem scheinen Männchen und Weibchen dieser Art gleich auszusehen. Pfeifgänse besitzen keine nahe Verwandtschaft mit anderen Enten; verwandtschaftlich am nächsten dürften ihnen die Schwäne stehen.

Die Kubapfeifgans, *Dendrocygna arborea,* eine Verwandte der Herbstpfeifgans, findet man nur auf den Westindischen Inseln, wo sie in sumpfigen Wäldern beheimatet ist. Obwohl sie auf allen größeren Inseln geschützt ist, geht die Population zurück; wirklich zahlreich ist sie wahrscheinlich nur noch auf Kuba vertreten.

Vorhergehende Doppelseite: Die Fahlpfeifgans, *Dedrocygna bicolor,* die von Südkalifornien bis Louisiana und nach Florida hinüber vorkommt, verbringt die meiste Zeit im Wasser. Nur wenn offensichtlich keine Gefahr droht, stehen diese Enten tagsüber am Ufer eines sumpfigen Teiches und schlafen.
Oben: Die Schwarzkopfruderente, *Oxyura jamaicensis,* ist eine gedrungene Tauchente mit langen, steifen Schwanzfedern. Sie ist vielleicht die am besten ans Wasser angepaßte Ente und taucht bei Gefahr lieber unter, als in die Luft zu entfliehen.

Das Männchen der Schwarzkopfruderente ist ein stattlicher Vogel mit kastanienbraunem Körper, weißen Wangen und einem leuchtend-blauen Schnabel.
Folgende Doppelseite: Mit hochgestelltem Schwanz und aufrechtem Kopf bereitet sich dieser Schwarzkopfruderentenerpel auf seine Balzwerbung vor. *Eingefügtes Bild:* Während der Balz klappt das Männchen der Schwarzkopfruderente seinen Schwanz über den Rücken, senkt seinen Schnabel zum Wasser und preßt Luft aus seinem Brustgefieder, was eine Menge Luftblasen vor ihm erzeugt.

Die Mandarinente, *Aix galericulata,* ist in Ostasien beheimatet, wo weniger als 5000 Pärchen auf Flüssen und Seen der Waldregionen überlebt haben. Glücklicherweise wurde diese elegante Ente nach England eingeführt, wo nun über 2000 Exemplare in der Natur vorkommen.
Rechts: Mandarinentenmännchen tragen ein Paar orangefarbener Segel über ihrem Rücken, die aus umgewandelten Flügelfedern entstanden sind. Die Mandarinente ist nahe mit der Brautente Nordamerikas verwandt. Während diese Verwandtschaft bei den Männchen aufgrund des kunstvollen Gefieders nicht offensichtlich ist, kann man bei den Weibchen beider Arten leicht eine Ähnlichkeit feststellen.

Kragenente
Histrionicus histrionicus — 110, 111, 112-113

Stockente
Anas platyrhynchos — 7, 26, 27, 28, 29, 30 (2) 31

Mandarinente
Aix galericulata — 138, 139

Gänsesäger
Mergus merganser — 66-67, 68 (2), 69

Kappensäger
Mergus cucullatus — 72, 73 (2), 74, 75, 76, 77

Mittelsäger
Mergus serrator — 70-71 (2)

Eisente
Clangula hyemalis — 114, 115 (2)

Spießente
Anas acuta — 2-3, 25, 32-33, 34-35 (2), 36,37,38

Fotografenverzeichnis

TIB = The Image Bank

Vordere Umschlagseite: Tim Fitzharris
Hintere Umschlagseite: John Shaw

Seite	Fotograf
1	John W. Warden
2-3	Tom und Pat Leeson
4	Wayne Lankinen
5	Alvis Upitis/TIB
6	Tim Fitzharris
7	John Shaw
8	Ron Austing
25	Eric Meola/TIB
26	Tom und Pat Leeson
27	Grafton Marshall Smith/TIB
28	Wayne Lankinen
29	Tom und Pat Leeson
30 oben	Arthur Morris/VIREO
30 unten	Lynn M. Stone/TIB
31	Tom und Pat Leeson
32-33	Tim Fitzharris
34	John W. Warden
35	John W. Warden
36	C.W. Perkins
37	Tim Fitzharris
38	Tim Zurowski
39 oben	C.W. Perkins
39 unten	Tim Fitzharris
40 (2)	Tim Fitzharris
41	Doug Wechsler/VIREO
42	John W. Warden
43	Tim Fitzharris
44 oben	Tim Fitzharris
44 unten	John W. Warden
45	Nicholas Foster/TIB
46	G.C. Kelley
47 oben	C.W. Perkins
47 unten	Dale und Marian Zimmerman/VIREO
48	Lynn M. Stone/TIB
49	Tim Fitzharris
50	Doug Wechsler/VIREO
51	Lynn M. Stone/TIB
52	Geoffrey Lebaron/VIREO
53	Grant V. Faint/TIB
54	S.P. Clements
55 oben	Doug Wechsler/VIREO
55 unten	Chuck Gordon
56-57	Wayne Lankinen
57 eingesetzt	Tim Fitzharris
58	Wayne Lankinen
59	John W. Warden
60	Tim Zurowski
61	Tim Zurowski
62 oben	Tim Zurowski
62 unten	Wayne Lankinen
63	Rod Planck
64-65	Luis Padilla/TIB
66-67	Tim Fitzharris
68 oben	Wayne Lankinen
68 unten	Tim Fitzharris
69	Tim Fitzharris
70-71	Robert Villani
71 eingesetzt	Wayne Lankinen
72	Tim Fitzharris
73 (2)	Tim Fitzharris
74	Tim Fitzharris

Seite	Fotograf
75	Lynn M. Stone/TIB
76	Lynn M. Stone/TIB
77	W. Greene/VIREO
78	John W. Warden
79	Robert Lankinen
80 oben	Tim Fitzharris
80 unten	Robert Lankinen
81 oben	John W. Warden
81 unten	Tom und Pat Leeson
82	Chuck Lawliss/TIB
83	Tim Fitzharris
84-85	Tim Fitzharris
86	Tim Fitzharris
87	Robert Lankinen
88	Ted Kawalerski/TIB
89 oben	Wayne Lankinen
89 unten	Lynn M. Stone/TIB
90	Wayne Lankinen
91	Tom und Pat Leeson
92-93	Tom und Pat Leeson
94 (2)	Tom und Pat Leeson
95	Tim Zurowski
96	Tim Fitzharris
97	Wayne Lankinen
98	Lynn M. Stone/TIB
99	Lynn M. Stone/TIB
100-101	John Lewis Stage/TIB
102	Lynn M. Stone/TIB
103	Robert Villani
104 eingesetzt	Harry N. Darrow
104-105	Robert Villani
106	Anthony Mercieca
107	S.P. Clements
108	Betty Randall
109	Anthony Mercieca
110	Robert Villani
111	Tim Fitzharris
112-113	Tim Zurowski
114	Lynn M. Stone/TIB
115 oben	Kenneth W. Fink
115 unten	Tim Zurowski
116	Tim Fitzharris
117	Tim Zurowski
118	Tim Fitzharris
119	Arthur Morris/VIREO
120-121	Philip M. DeRenzis/TIB
122	Tim Fitzharris
123	Lynn M. Stone/TIB
124-125	Tom und Pat Leeson
126	Tim Zurowski
127	Tim Zurowski
128-129	Lynn M. Stone/TIB
130	Lynn M. Stone/TIB
131	Lynn M. Stone/TIB
132-133	John W. Warden
134	C.W. Perkins
135	C.W. Perkins
136-137	Chuck Gordon
137 eingesetzt	Tim Fitzharris
138	Steven Holt/VIREO
139	Hans D. Dossenbach